Spanish Short Stories for Beginners

10+ Short Stories to Learn Spanish and Improve Your Pronunciation

International Language School

By reading this document, the reader agrees that under no circumstances is the author responsible for any losses, direct or indirect, that are incurred as a result of the use of information contained within this document, including, but not limited to, errors, omissions, or inaccuracies.

Table of Contents

Table of Contents 4

Introduction 5

Story 1: Los Dos Hermanos 8

Story 2: La Nariz Escurridiza 18

Story 3: Un Pueblo Pavoroso (The Porous People) 29

Story 4: Los Cuentos del ratón 45

Story 5: Lauro, mi muchacho 61

Story 6: Una Lista De Mentiras (A List Of Lies) 74

Story 7: La Ladrona de Cabello 90

Story 8: El estudiante y el maestro 96

Story 9: El chico que no tenía miedo 102

Story 10: Historia de un escarabajo 113

Story 11: Los amigos extraños 128

Story 12: La isla de cuervos 133

Bonus Story: El chico que no dejó de soñar 139

Conclusion: What to do next? 147

References 150

Introduction

A story is, above all, a succession of ideas, words and phrases. So, obviously, the first reason for learning Spanish or any other language with stories is so that you can discover and learn new words and expressions.

When you read a new book or listen to a new audio book in a new language, you will face new words and new expressions. These new words and expressions, after discovering or looking for their meaning, can be written down to help incorporate them into your vocabulary.

Since there are stories on a wide variety of topics, including those in this book, you'll be sure to find several that interest you. You'll also find that the vocabulary used in each of the stories can be transferred to traveling, working or just learning basic conversation. It is up to you to find stories that are related to your goal to improve your knowledge and orient yourself towards the vocabulary you would like to learn.

In many language schools, and even in university language courses, students are often forced to memorize long vocabulary lists. It's hard to understand the reason for giving this type of lists to students, to learn words in isolation. Especially because there are much more entertaining, enjoyable and, above all, simple ways to learn new vocabulary and improve your pronunciation. Words, taken in isolation, have neither interest nor utility.

Learning a language with stories means learning useful vocabulary. You can learn meaningful vocabulary and that you can easily use. Very often, it is the context itself (or the way the word is integrated into the sentence) that helps understanding.

5

In this way, by reading or listening to stories, you may expose yourself to words you don't know, at first. But due to the context, you can easily deduce its meaning. Learning within a context, like these stories, is more intuitive and faster.

When you learn a phrase, you learn a succession of words. But you also learn, more unconsciously, the way words are placed in the sentence and their logic. Learning a language with stories is also learning the syntax, grammar and conjugation of the language. This is much better than in most of the language courses, where things are often taught isolated from this logical context.

Why is it often said that living abroad is the best way to learn a language? Simply because if you surround yourself exclusively with the language you want to learn, you have no choice but to do so. The same happens if, for example, you decide to listen to the news, watch movies or read books only in the languages you study. You would create a bubble, an environment in that new foreign language, in which you would have no choice but to evolve and learn.

If you surround yourself with stories in Spanish, you will be in some way forced to progress. In addition, one of the best ways to work your accent and pronunciation is to listen to movies, series, audiobooks ... in the language you study.

Last, but not least, it's crucial that you have a good time while reading these stories. In this book you'll find 10+ stories. For you to make the most of them, first of all, get yourself acquainted with how each story is told. Maybe skim the story at first, to see if you understand the generalities. Then, when you dive into the story, you can focus on understanding, and learning.

Most importantly, get in a relaxed place where you can enjoy the story. Have fun with the narrative, and the way the story unfolds. When you can relax, and just read the story for the story, you won't feel like you're learning - but, you are!

Be mindful that it's essential that learning a language is enjoyable and entertaining. When that happens, your motivation will not decline. And, to be constant and move forward in the long term, the most important thing is motivation.

With all that in mind, we hope you enjoy the following stories!

Story 1: Los Dos Hermanos

Two siblings escape from home and face circumstances which bring them close together.

Había una vez unos hermanos llamados Eduardo y Ana. Su madre había muerto y vivían con su padre y su madrastra. Su madrastra siempre fue mala con ellos, y su padre siempre estaba ocupado con el trabajo.

Entonces, un día, Eduardo tomó la mano de Ana y dijo: "Nuestra madrastra nos golpea todos los días. Solo tenemos pan duro y viejo para comer. ¡Incluso el perro debajo de la mesa tiene mejor comida que nosotros! Oh, si tan solo nuestra madre estuviera aquí. Ella nos cuidaría. Pero ahora tenemos que cuidarnos a nosotros mismos. Debemos abandonar este lugar."

Entonces salieron de casa y viajaron todo el día por los campos. Cuando empezó a llover, Ana dijo: "El cielo está llorando con nosotros."

Por la tarde llegaron a un bosque, cansados y hambrientos de su largo viaje. Se subieron a un árbol y se durmieron.

A la mañana siguiente, Eduardo dijo: "Hermana, tengo sed. Escucho una corriente en la distancia. Vamos a beber."

Entonces Eduardo tomó la mano de Ana y fueron al arroyo.

Sin embargo, la madrastra de los niños descubrió que se habían ido. Era una bruja y quería que todos estuvieran tan tristes y fueran tan crueles como ella. Entonces ella lanzó un hechizo sobre toda el agua del bosque.

Eduardo estaba a punto de beber del arroyo. Pero entonces Ana escuchó la corriente susurrar: "¡Glugglug, glugglug! Si bebes esta agua, te convertirás en un tigre."

Ana gritó: "¡Hermano, no bebas, o te convertirás en un tigre y me comerás!"

Entonces el hermano no bebió, a pesar de que tenía mucha sed.

"Esperaré hasta la próxima ocasión."

Caminaron y finalmente llegaron a otro arroyo. Esta vez, la hermana escuchó la corriente susurrar: "¡Glugglug, glugglug! Si bebes esta agua, te convertirás en un lobo."

Entonces la hermana gritó: "¡Por favor, querido hermano, no bebas! Te convertirás en un lobo y me comerás."

Entonces el hermano no bebió y dijo: "Esperaré hasta el próximo arroyo. Pero luego debo beber, porque tengo mucha sed."

Siguieron caminando y llegaron a un tercer arroyo. Este susurró: "Glugglug, glugglug! Si bebes esta agua, te convertirás en un ciervo."

Ana dijo: "Querido hermano, ¡no bebas, o te convertirás en un ciervo y huirás lejos de mí!"

Pero Eduardo ya había bebido del agua, y rápidamente se convirtió en un ciervo.

Ana lloró y lloró por su hermano, y el venado también lloró. Finalmente, ella dijo: "No te preocupes, pequeño ciervo. Nunca te dejaré." Tenía una cadena de oro alrededor del cuello. Se la quitó y la colocó alrededor del cuello del venado.

Siguieron caminando y se adentraron en el bosque. Después de caminar un largo camino encontraron una casa de madera, que estaba vacía.

"¡Podemos vivir aquí!" dijo Ana.

Entonces comenzaron a vivir en la casa. Todos los días, Ana salía y encontraba comida en el bosque para los dos, y el venado jugaba alegremente en la hierba. Por la noche, se acostaban juntos en la casita y se dormían. Si Eduardo no se hubiera convertido en un ciervo, habría sido una vida encantadora.

Siguieron viviendo en el bosque así durante muchos años. Sin embargo, había un joven rey que vivía cerca. Le gustaba cazar, y nunca antes había cazado en este bosque. Un día decidió que quería cazar allí, así que fue con todos sus hombres. Trajeron muchos perros al bosque y fuertes cuernos de caza.

Eduardo escuchó los cuernos y deseó unirse a la caza.

"¡Oh, querida hermana, déjame ir a cazar! No puedo quedarme más aquí."

Ana no quería que se fuera, pero él le pidió mucho. Finalmente, ella lo dejó ir, pero ella dijo: "Vuelve aquí por la noche. Cerraré la puerta con llave, así que cuando llegues, toca la puerta y di: "Hermanita, déjame entrar". Entonces sabré que eres tú."

Entonces el venado saltó y jugó en el bosque. El rey y sus hombres vieron al hermoso animal y lo persiguieron, pero no pudieron atraparlo porque era demasiado rápido.

Cuando oscureció, el ciervo fue a la casa, llamó a la puerta y dijo: "Hermanita, déjame entrar." Ana abrió la puerta y se durmieron juntos.

A la mañana siguiente, la caza comenzó de nuevo. Una vez más, el venado escuchó los cuernos de caza y sintió un fuerte deseo de unirse a ellos.

"¡Hermanita, debo irme!"

Ana suspiró, pero abrió la puerta y dijo: "Ahora, recuerda volver por la noche y decir las mismas palabras."

Cuando el rey y sus hombres volvieron a ver al ciervo, lo persiguieron, pero nuevamente fue demasiado rápido para ellos. Lo persiguieron todo el día y finalmente lo rodearon. Sin embargo, el ciervo se lastimó una pata. Así que fue lentamente a la casa. Uno de los cazadores lo siguió y lo escuchó decir: "Hermanita, déjame entrar."

El cazador le dijo esto al rey, y el rey sonrió y dijo: "Mañana volveremos a cazar."

Cuando Ana vio que el ciervo estaba herido, se aterrorizó. Le lavó la pata y le puso hojas alrededor y le dijo: "Acuéstate, querido hermano, y descansa."

Eduardo no estaba gravemente herido, así que a la mañana siguiente se sintió bien nuevamente. Una vez más, cuando escuchó los cuernos de caza, dijo: "No puedo quedarme adentro. Debo ir con ellos. ¡No me atraparán hoy!"

Ana lloró y dijo: "¡Te matarán! Te matarán y estaré sola aquí en el bosque. ¡No puedes irte!"

"Si me quedo aquí, moriré de aburrimiento. Cuando escucho los cuernos de caza, deseo salir mucho. ¡Lo siento no puedo evitarlo!"

Ana vio que no podía detenerlo, así que abrió la puerta y vio al ciervo huir felizmente.

Cuando el rey lo vio, les dijo a sus cazadores: "Síganlo todo el día, hasta que caiga la noche. No lo lastimen."

Cuando se puso el sol, el rey y sus hombres siguieron al venado hasta la casita. Antes de que el ciervo pudiera tocar, los hombres del rey lo atraparon y le taparon la boca. El rey fue y llamó a la puerta y dijo: "Hermanita, déjame entrar."

La puerta se abrió y entró el rey, y allí vio a una hermosa joven.

Ana gritó cuando vio al rey en lugar del ciervo. Pero el rey la tomó de la mano y le dijo: "No tengas miedo. No te lastimaré. ¿Vendrás conmigo a mi castillo y serás mi querida esposa?"

Ana había estado tan sola todos estos años. Este rey parecía amable, pero ella no sabía si podía confiar en él. Entonces ella dijo: "Solo vendré si el venado también puede venir. Debe venir conmigo y no puedes lastimarlo."

"¡Por supuesto!" dijo el rey. "Se quedará contigo para siempre, y tendrá mucha comida y bebida."

Entonces el ciervo entró saltando, y la hermana lo tomó por la cadena de oro y salieron de la casita.

El rey cabalgó con ella hasta su castillo, y tuvieron una gran boda. Ella se convirtió en reina y vivieron felices durante mucho tiempo. Todos amaban al venado y lo cuidaban. Saltaba alegremente por los jardines del castillo.

Mientras tanto, la madrastra de los niños, que había lanzado el hechizo en el bosque, se enteró de la boda. "¿Cómo puede ser?" dijo ella. "¿Seguramente Eduardo se convirtió en un tigre y se comió a su hermana? ¿O seguramente se convirtió en un ciervo y los cazadores lo mataron?"

En verdad, la felicidad de los hermanos no cambió su vida en absoluto, pero aún sentía celos. "Les mostraré" se dijo.

Su propia hija era muy fea y solo tenía un ojo. Cuando se enteró de la boda, se quejó con su madre y le dijo: "¡Quiero ser reina!"

Esto le dio a la madrastra una idea.

La reina y su hermano ciervo vivían felices en el castillo del rey. Unos meses después, la reina tuvo un bebé. Ese día, el rey estaba cazando en el bosque. La madrastra fue al castillo y cambió su forma. Se transformó en una sirvienta y entró en la habitación de la reina. La reina estaba exhausta desde el nacimiento, y no se dio cuenta de que no era realmente su sirvienta.

"¡Estás tan cansada!" dijo la madrastra actuando como la sirvienta "Ven, te daré un baño. Te hará sentir mucho mejor."

"Oh no, prefiero quedarme en la cama." dijo la Reina.

"No, no. ¡El agua se está enfriando! Realmente te ayudará. Ven."

Llevó a la reina al baño y la dejó en la bañera. La reina estaba tan cansada que se durmió rápidamente. La madrastra hizo una gran fogata debajo del baño, cerró todas las ventanas y cerró la puerta para que no hubiera aire en la habitación. Cuando la reina Ana se despertó, ya era demasiado tarde y murió en el baño.

La vieja madrastra tomó a su hija y la vistió con la ropa de la reina. Ella cambió su apariencia para parecerse a la reina, pero no pudo arreglar su ojo malo. Si alguien veía su ojo, sabría que no era la reina.

"Acuéstese de lado en la cama. El rey no te verá. Está muy ocupado."

La hija hizo lo que su madre le dijo, porque quería ser reina.

Por la noche, el rey llegó a casa y se enteró de su nuevo hijo. ¡Estaba encantado! Fue a la habitación de su esposa para ver cómo estaba ella. La bruja aun fingiendo ser sirvienta lo vio y dijo: "¡No abras las cortinas! Se siente muy débil. Debe mantenerse en silencio y en la oscuridad. Así que el rey se fue, y nunca supo que una mujer diferente yacía en la cama."

El bebé dormía en una cuna, separada de su madre. Como la "reina" estaba enferma, una enfermera cuidaba del bebé por ella. Mientras el bebé y todos los demás en el castillo dormían, la enfermera permaneció despierta. Ella no pudo dormir. Tenía una sensación extraña en el estómago. La reina había estado actuando extraño desde su nacimiento. Y cada vez que la enfermera intentaba ir a hablar con ella, la criada de la reina la enviaba lejos.

Cuando llegó la medianoche, alguien abrió la puerta de la habitación donde dormía el bebé. La enfermera se incorporó. Era una mujer, pero no sabía quién. Y más extraño, esta mujer era muy extraña. Su ropa estaba quemada y su piel era tan blanca como la nieve.

La enfermera no se movió en absoluto y la mujer no la vio. La mujer extraña se fue y sacó al bebé de la cuna y lo alimentó. Luego lo devolvió. Finalmente, se acercó el ciervo que también dormía en la habitación y que yacía en la esquina. Dijo:

"Mi hijo y mi ciervo tres veces veré,

Dos veces más vendré, y entonces el final debe ser."

Diciendo esto, ella salió de la habitación.

A la mañana siguiente, la enfermera preguntó si alguien había entrado al castillo por la noche, pero nadie lo había hecho.

Entonces la enfermera fue y le contó al rey sobre la mujer extraña y lo que ella dijo, y él dijo: "¡Qué extraño! Debo ir a ver al niño mañana por la noche."

Entonces el rey esperó en el cuarto, y nuevamente la mujer apareció a la medianoche y dijo:

"Mi hijo y mi ciervo dos veces veré,

Una vez más vendré, y entonces el final debe ser."

Alimentó al niño y acarició al ciervo, y luego salió de la habitación. El rey tenía demasiado miedo para decir algo. Él no entendió. La mujer habló como su esposa. ¡Pero su esposa no estaba en el cuarto del bebe! Sí, estaba cansada y enferma, pero los criados la estaban cuidando.

El rey trató de ver a su esposa al día siguiente, pero la bruja lo detuvo y dijo: "¡Está demasiado enferma! Tendrás que volver mañana." Y entonces el rey tenía muchas cosas importantes que hacer y no podía ver a su esposa.

Entonces, por la tarde, regresó al cuarto del bebe. La mujer quemada apareció una vez más, diciendo:

"Mi hijo y mi ciervo una vez veré,

Esta vez es ahora, y ahora el final debe ser."

El rey estaba seguro ahora. Era su esposa. Se levantó de un salto y dijo: "¡Eres mi esposa!"

La mujer lo miró por un largo rato. Era tan blanca como un fantasma, pero lentamente el color volvió a su rostro.

"Sí... soy tu esposa."

El rey la abrazó y la mujer sintió que la vida volvía a su cuerpo.

"Eres fuerte y estás bien de nuevo. Pero si estás aquí, ¿quién se acuesta en tu cama y se hace llamar la reina?"

Entonces le contó al rey sobre el baño y cómo había muerto, y corrieron a la habitación donde estaba la reina falsa. En el interior encontraron a la bruja y su hija, hablando de riquezas y reyes estúpidos. Cuando la bruja vio al rey y a su esposa, ella gritó, y su hija se escondió debajo del edredón.

"Te daré una oportunidad" dijo el rey. "Dime lo que has hecho."

"¡Ella no es la verdadera reina!" dijo la bruja, señalando a la esposa del rey. "Ella es un truco! La verdadera reina está aquí."

El rey sacudió la cabeza. "Te di una oportunidad y me mentiste. Ahora te daremos tu merecido."

"No" dijo la Reina Ana. "Demasiada gente ha sufrido. Tengo una mejor idea. Ellos se irán y vivirán solos en el bosque, tal como lo hicimos yo y mi hermano durante tantos años."

Entonces la bruja y su hija fueron enviadas al bosque. Sin embargo, las aguas todavía estaban bajo su hechizo. Un día, su hija bebió de cierto arroyo y se convirtió en un lobo.

"¡Tonta!" gritó la bruja. "¡Te dije que no bebieras de esos arroyos!"

Pero la hija no la entendió. Todo lo que sabía era que era un lobo y que tenía hambre. La bruja intentó correr dentro de la casa y esconderse, pero el lobo fue demasiado rápido y se la comió.

Tan pronto como la bruja murió, su hechizo se rompió y Eduardo volvió a ser humano. Eduardo y Ana se rieron y se abrazaron, y volvieron a ser una familia. La reina tuvo muchos hijos y vivieron felices para siempre.

Story 2: La Nariz Escurridiza

A town Marshall experiences the strange situation of the disappearance of his nose.

En una calle en Barcelona vivía un hombre llamado Ignacio. Ignacio era barbero, pero no particularmente bueno. La gente siempre decía: "Ten cuidado con eso, Ignacio. Lastimará a alguien."

Un día, Ignacio se levantó temprano y fue a desayunar con su esposa. Estaba sacando pan fresco del horno, y olía increíble.

"Hoy, mi querida esposa" dijo, "no voy a tomar café. Tendré pan fresco con cebolla."

"Come el pan si quieres, pero entonces habrá más café para mí."

Ignacio preparó las cebollas y abrió el pan. Lo cortó por la mitad. Pero dentro no solo había pan delicioso, sino algo blanco y de aspecto duro. Lo sacó y vio que era una nariz.

"¡¿Qué es esto ?!" dijo Ignacio y dejó caer la nariz sobre la mesa. Pero peor que eso, no era cualquier nariz. Era una nariz que él conocía.

"¿A quién le has cortado la nariz?" gritó su esposa. "Eres un barbero terrible, ¡pero esto es realmente demasiado! Tus clientes me dijeron que se les tapas la nariz cuando se los afeitas. ¡Ahora mira lo que ha sucedido!"

Ignacio se dio cuenta de quién era la nariz. Era de un hombre llamado Carlos. Carlos era miembro del Ayuntamiento. Ignacio lo afeitaba todos los miércoles y domingos.

"¡Para, mi querida esposa! Pondré la nariz en un papel, terminaré mi desayuno y luego la tiraré al cesto de la basura."

"¡No lo harás! No tendré una nariz en mi cocina. Bueno, las narices están bien, ¡pero una nariz sin cuerpo, que no tendré en mi cocina! ¡Llévatela!"

Entonces Ignacio metió la nariz en papel y la sacó afuera. Él pensaba sobre ella. ¿Cómo pudo haber cortado la nariz? Había tomado cerveza la noche anterior, pero no vio a Carlos y, de todos modos, ¿cómo se metió la nariz en el pan?

Ignacio no pudo devolverle la nariz a Carlos. El hombre debería estar muy enojado, y probablemente le gritaría a Ignacio. Y entonces todos sabrían que Ignacio era un mal barbero, y él perdería a todos sus clientes. No, tenía que deshacerse de la nariz.

Trató de dejarla caer en la calle, pero un guardia de la ciudad dijo: "¡Hola, se te ha caído algo!" Y le dio la nariz envuelta en el papel.

Entonces Ignacio siguió caminando, hasta que llegó a un puente. Miró por el costado del puente. Fingió mirar a los peces en el agua de abajo. Luego, cuando nadie estaba mirando, dejó caer la nariz en el agua. Se sintió mucho mejor, se echó a reír y regresó a su casa a comer pan con cebolla.

Carlos, miembro del ayuntamiento, se despertó temprano esa mañana. Se miró en el espejo de mano, y se sorprendió. ¡Su nariz se había ido! Le pidió a su criado que trajera agua y una toalla, y se frotó los ojos. ¡Pero aun así, su nariz no estaba allí! Donde había estado su nariz, solo había una piel suave.

Deberías saber algo sobre Carlos. Se hace llamar General Carlos, pero él no es un general de verdad. Él era simplemente un miembro del ayuntamiento. Pero debido a que había trabajado en el extranjero, pensó que era muy inteligente e importante, por lo que se hizo llamar general.

Solía decirle siempre a cierto comerciante: "Escucha. Ve a mi casa y pregunta: '¿Vive el General Carlos aquí?' Cualquier niño te dirá que sí."

Entonces lo llamaremos General Carlos, aunque no es general.

El general no podía creer lo que había sucedido. Pensó que su espejo podría estar descompuesto. Entonces salió a la calle a buscar uno mejor. Se cubrió la cara con un pañuelo para esconder su nariz que no estaba más en su lugar. Entró en una tienda de dulces y se miró en el espejo, y efectivamente, no había nada allí.

"¡Qué horrible!" dijo Carlos "Realmente me veo como un monstruo."

Cuando Carlos volvió a la calle, vio que un carruaje bajaba por el camino. Se detuvo y salió un hombre de uniforme. ¡Pero no, no era un hombre! ¡Era su nariz!

La nariz, con su brillante e impresionante uniforme, miró a su alrededor, saludó a algunas personas y luego regresó al carruaje. No vio a Carlos en absoluto.

Carlos casi se volvió loco. Corrió tras el carruaje, que iba al mercado. Buscó la nariz por todo el mercado y finalmente la encontró en una panadería. Estaba mirando cuidadosamente el pan.

"Disculpe, señor" dijo Carlos amablemente.

"¿Qué quieres?" preguntó la nariz.

"Me parece... Estás yendo por el camino equivocado, si me entiendes. Deberías estar en otro lugar ahora mismo. Bueno, creo que puedes entenderme."

"Yo no. Explica lo que quieres decir."

"Bueno, señor, ¡soy un general! Un general no puede caminar sin nariz. Ya sabes, conozco a varias damas de clase alta: la señora del Toro, por ejemplo. Entonces debes entender."

"No entiendo nada. ¡Explica lo que quieres decir!"

"¡Eres mi nariz!" dijo Carlos.

"Estás equivocado, querido señor. Yo soy yo mismo. Mirando tu uniforme, estás en un nivel muy diferente al mío, así que no creo que podamos conocernos." Con eso, la nariz se fue.

Carlos se sintió desesperado. Sin su nariz no podía trabajar, pero lo más importante, ¡no podía hablar con chicas hermosas! ¡No podía hablar con las varias damas de clase alta que conocía! ¡Se reirían de él!

Se quedó allí, sorprendido, durante unos minutos, y luego trató de encontrar su nariz. Pero ya había salido del mercado.

Entonces, Carlos tuvo una idea. Saltó a un carruaje y dijo: "¡Llévame a la policía!"

Pero luego pensó. Este asunto no afecta a la policía, pero trabajarán rápidamente. Mucho más rápido que cualquier otra persona. Pero ¿y si la nariz está fuera de Barcelona? Entonces la policía buscaría y buscaría y no encontraría nada. Entonces Carlos tuvo una mejor idea.

"¡Rápido, idiota! ¡Llévame a la oficina de periódico!"

"¡Sí señor!"

Condujeron a la oficina de periódico. En el interior, un hombre de cabello gris estaba parado en un escritorio, sosteniendo una pluma y contando monedas.

"¡¿Tomas tú los anuncios aquí ?!" gritó Carlos.

"Sí" dijo el hombre canoso.

"Quiero poner un anuncio en el periódico."

"Por favor espera."

El hombre señaló y Carlos vio que había una larga cola de personas. Pero la cola no se movía, ya que el hombre contaba monedas. Finalmente, el hombre terminó de contar sus monedas, y la cola se movió, pero se movía muy lentamente. La gente quería vender carruajes, caballos y espejos, y pasaban mucho tiempo discutiendo los detalles de los anuncios.

Carlos no pudo esperar más: "Señor, permítame, tengo mucha prisa."

"¡En un momento, en un momento! Sí, serán dos pesetas. ¡En un momento! Lo siento, son tres pesetas. ¡En un momento!"

Finalmente, Carlos llegó al frente de la fila.

"¿Qué deseas?"

"¡Me han robado! Quiero poner un anuncio que diga 'Si encuentras al ladrón, te recompensaré'".

"¿Cómo te llamas por favor?"

"¿Por qué quieres mi nombre? Conozco a varias damas de clase alta: la señora del Toro y la señora Pozo, por ejemplo. No quiero que se enteren de esto. Puedes escribir solamente "General.""

"¿Y qué fue robado?"

"¡Mi nariz!"

"No entiendo. ¿Cómo te han robado la nariz?"

"No lo sé. Pero ahora camina como miembro del ayuntamiento. No puedo vivir sin mi nariz, entiendes. Todos los jueves visito a la señora del Toro. Y también conozco a la señora Pozo, que tiene una hija muy bonita. ¿Cómo puedo verles sin mi nariz? "

El hombre canoso suspiró y dijo: "No, no puedo poner este anuncio."

"¡¿Por qué no?!"

"Porque el periódico se verá mal. Todos vendrán y pondrán anuncios extraños. 'iOh, me han robado el cabello! iOh, me han robado el pie!' El periódico estará lleno de mentiras. No, no puedo poner su anuncio."

"iPero realmente me han robado la nariz! Yo te mostraré"

Entonces Carlos se quitó el pañuelo y se lo mostró al hombre.

"Sí, eso es muy extraño" dijo "Tu cara es completamente plana. No puedo creerlo."

"¿Así que? ¿Pondrás el anuncio en el periódico?"

"Puedo, pero no sé cómo eso te ayudará. Sabes, deberías llevarlo a una de esas revistas de chismes. Aman las historias como estas. Podrías ganar mucho dinero."

"iNo necesito dinero! iSoy un importante!"

Carlos se sintió aún más desesperado que antes, pero no se rindió. Fue a la estación de policía. Estaba seguro de que lo ayudarían.

Sin embargo, los oficiales de policía fueron fríos con él. Primero, dijeron que la tarde era un mal momento para ocuparse de su problema. Después de todo, acababan de almorzar y estaban ocupados en digerir su comida y tomar la siesta. Por si fuera poco, los policías dijeron que a las buenas personas no se les roban la nariz.

Carlos, ahora muy enojado, se fue a su casa. Se sentó en su estudio y pensó. "¿Estaré soñando?" Pero era demasiado real para ser un sueño. ¿Estaré borracho? No, no recordaba haber bebido nada muy fuerte. Finalmente, pensó que debía ser mágico.

"¿Y quién querría usar magia en mí? ¡Debe haber sido la señora Pozo! Quiere que me case con su hija, y dice esto cada vez que la veo. Le he dicho muchas veces que soy demasiado joven para casarme. ¡Después de todo, solo tengo treinta y siete años! Y ahora está enojada conmigo, así que contrató a una bruja."

Tiene sentido. No pudo haber sido Ignacio. El hombre lo afeitó el miércoles y durante todo el jueves la nariz de Carlos estuvo allí. Y si le hubieran cortado la nariz, seguramente habría sentido dolor.

En ese momento, el criado de Carlos entró y dijo: "Hay un policía aquí para verte."

Carlos se cubrió rápidamente la cara con el pañuelo e invitó al hombre a entrar.

"¿Has perdido la nariz?" preguntó el policía.

"¡Así es!"

"Ha sido encontrada."

"¿De verdad? ¿Cómo y dónde?"

Se estaba subiendo a un carruaje que iba a Marsella. Tenía un pasaporte con el nombre de un miembro del Ayuntamiento. Fue extraño. Al principio pensé que realmente era un miembro del ayuntamiento. Pero luego me puse las gafas y vi que era una nariz"

"¿Dónde está ahora?"

"¡La tengo aquí! Sabía que la necesitabas, así que la traje conmigo. Creemos que fue un barbero quien le dio el pasaporte, un hombre llamado Ignacio. Te alegrará saber que ahora está en prisión. Aquí está tu nariz, sin ningún daño"

El policía se sacó la nariz del bolsillo. Estaba dentro de un papel.

"¡Sí, sí, eso es todo!"

El policía se fue y Carlos miró alegremente la nariz. Sintió una felicidad tan grande que saltó por su casa por unos momentos.

Carlos comenzó a pensar y se dio cuenta de que todavía tenía un gran problema. ¿Cómo podía volver a ponerse la nariz en la cara?

Con cuidado, se colocó la nariz en la cara. Pero no se quedó. Así que trató de respirar, pero eso tampoco funcionó.

"¡Quédate quieta!" gritó.

La nariz cayó sobre la mesa e hizo un ruido extraño. Intentó varias veces ponérsela, pero no funcionó.

Llamó al mejor médico de Cataluña; un hombre con una gran barba negra.

Llegó el médico e inspeccionó la cara de Carlos. Empujó, sacudió y estiró la nariz. Pero no parecía contento con los resultados.

"No, no puedo volver a ponerte la nariz. Si lo intento, solo empeorará las cosas."

"Pero ¿cómo puedo vivir sin nariz? Esta tarde me han invitado a dos fiestas. Conozco a varias damas de clase alta, la señora del Toro y la señora Pozo. Aunque después de lo que hizo la Sra. Pozo, no sé si iré a su fiesta. ¡Pero por favor, debe haber una manera de volver a poner la nariz! Incluso si tengo que quitármela por la noche, estará bien. Te pagaré bien."

El doctor parecía insultado. "Créeme. No hago mi trabajo por dinero. Solo tomo dinero porque mis pacientes quieren darme dinero. Es un arte lo que hago. Podría reemplazar tu nariz, pero en realidad, solo empeoraría las cosas. Deja que la naturaleza te ayude. Lávate la cara a menudo con agua fría. En cuanto a la nariz, puedes ponerla en una botella y venderla. La compraría si el precio no fuera demasiado alto."

"No, no, no la venderé. ¡Sal en este momento!"

El doctor se fue y Carlos volvió a sus pensamientos. Al día siguiente, le escribió una carta a la señora Pozo, preguntándole por qué le había hecho esto. Sin embargo, la Sra. Pozo respondió con una carta muy confusa. No había escuchado nada sobre su nariz, o la nariz de nadie, y nunca usaría magia. También le volvió a preguntar si quería casarse con su hija.

Entonces Carlos decidió que no fue la señora Pozo quien le robó la nariz. No sabía quién lo hizo, y por ahora, no le importaba.

Naturalmente, la historia de la nariz de Carlos se extendió por toda Barcelona. La gente agregó muchos detalles mágicos. Algunos decían que la nariz de Carlos caminaba por la calle cada mañana. Entonces, todos los días, un gran grupo de personas iba a buscar la nariz. Una vez, la gente dijo que la nariz estaba dentro de cierta tienda. Mucha gente vino a verla y la policía tuvo que llevárselos. Un hombre de negocios puso sillas junto a las ventanas, y la gente podía pagar para pararse y mirar adentro. Pero la nariz no estaba allí.

La nariz se hizo más famosa, pero Carlos nunca más la perdió.

Un día, Carlos se despertó y encontró la nariz en su rostro. De alguna manera, había regresado al lugar correcto.

Carlos fue a mirarse al espejo y dijo: "¡Oh! ¡Realmente ha sucedido!"

Le pidió a su criado que le trajera un tazón de agua, y se lavó la cara. ¡Y su nariz todavía estaba allí!

Luego llamó al barbero, Ignacio. Este parecía un gato asustado.

"¿Están limpias tus manos?" preguntó Carlos.

"Sí señor. Están perfectamente limpias."

"Bueno. Ven y aféitame."

Ignacio preparó la cara de Carlos para afeitarle. Como de costumbre, sostuvo la nariz de Carlos con dos dedos.

"¡Uh-uh! ¡Ten cuidado!!

Ignacio le soltó la nariz y se puso rojo por completo. Comenzó a afeitarle con mucho más cuidado, sin volver a tocarle la nariz. Finalmente, terminó de afeitarle.

Carlos luego se vistió y siguió su día. Vio a mucha gente, y cada vez se aseguraba de mencionar su nariz.

Finalmente, vio a la señora Pozo y su hija. Hablaron durante mucho tiempo y él dijo: "Sí, todavía quieres que me case, ¿no? ¡Pues no funcionará! Todavía soy muy joven, ya sabes. Aunque tu hija es muy hermosa."

Carlos volvió a su vida normal y las historias de la nariz pararon. La nariz nunca más se escapó.

Story 3:Un Pueblo Pavoroso (The Porous People)

—Vosotros dos podéis ir en busca de vuestra gran aventura —dijo Ari—. ¡Pero yo me quedo en casa!

—Eso sí que no. ¡Vienes con nosotros!

Desa trató de levantar a su amigo.Ari le pateó la rodilla. Lo bajó.

Ari tenía 80 años.Sin embargo, no era humano. Ari era un esligo con cabello largo y blanco. Tenía los dedos largos y arrugados.

Ari era muy joven... para ser esligo. Comparado con los humanos, era un adolescente.

—No, me quedo en casa —repitió Ari—. No cambiaré de opinión. No quiero salir. No quiero ir a buscar un tesoro y no quiero pelear con nadie. ¡Vosotros podéis quedaros con vuestra aventura!

Desa alzó los brazos peludos.

—¡Me rindo! —dijo.

También era esliga, pero era divertida y muy ruidosa. La mayoría de los esligos no eran así.

Su otro amigo era brilli.A los brillis les encantaba pelear, les encantaba la aventura, y sobre todo les encantaba buscar oro y tesoros.

Lo que más les gustaba en el mundo eran los tesoros.

El brilli se llamaba Lumu.Nadie sabía cuántos años tenía Lumu.Le gustaba hablar mucho, pero nadie le entendía. No hablaba el idioma de los esligos, pero podía escribirlo.

Lumu llevaba una libreta.A veces, escribía cosas allí.

Escribió una nota a Ari.

—Ari —decía la nota—, te puedes quedar en casa.

—Gracias —dijo Ari—. ¿Ves?Lumu está de acuerdo conmigo.

Lumu escribió: «No estoy de acuerdo». Señaló hacia la ventana.A lo lejos había una nube de polvo. Se acercaban unos caballos.Ari vio humanos sobre los caballos. ¡Humanos! Uno de los hombres vestía un abrigo largo y amarillo. Tenía una corona en la cabeza

—No tenemos que irnos para tener una aventura —dijo Desa con una sonrisa—. ¡La aventura está viniendo hacia nosotros!

* * *

Ari, Desa y Lumu corrieron hacia afuera.En el pueblo, todos estaban afuera.El pueblo era pequeño.Se llamaba Cañada de las Aves.Era muy tranquilo. La mayoría de las personas que vivían en Cañada de las Aves eran esligos, pero también había algunos brillis y algunas personas de otro tipo.

Todos estaban parados frente a sus casas.Estaban mirando a los humanos sobre los caballos.

No era común recibir visitantes. Nunca veían desconocidos, y estos desconocidos vestían ropa muy rara.

Los caballos bajaron la velocidad.El primer caballo era una yegua negra y grande. El jinete era el hombre alto con el abrigo amarillo. Tenía una corona en la cabeza. Parecía un rey cansado.

Tocó el cuello de su caballo y el caballo se quedó quieto.El jinete descendió.Parecía el líder de los otros hombres.

—¿Alguno de vosotros sabe quién soy? —preguntó en español. Los otros jinetes se quedaron sobre los caballos.Había ocho en total, incluido el líder.

—¿Por qué no nos dices? —preguntó un esligo menudo. Era Pidor, el panadero.Como la mayoría de los esligos, Pidor recordaba el español antiguo—. ¡Aquí no nos gustan los misterios, humano!

Desa dio un paso adelante.

—¿Eres un rey del este? —preguntó.

—¿Por qué piensas que soy un rey?

Desa señaló la corona.

El hombre alto vestido de amarillo se quitó la corona de la cabeza.

—Tal vez la he robado —dijo.

Tenía ojos azules brillantes y una barba larga y rojiza.

Lumu admiraba la corona.Estaba hecha de oro.Debía ser pesada... y costar mucho dinero.

—Si la robaste —dijo Pidor—, debes ir a devolverla. Aquí no nos gustan los ladrones.

—¿Y qué os gusta? —preguntó el hombre—. ¿Os gusta algo?

—Nos gusta que nos dejéis tranquilos. Pidor cruzó los brazos. Uno de los otros jinetes se le acercó.El líder agitó la mano.

—No —dijo el líder—. Dadle al viejo esligo lo que quiere.Dejadle tranquilo.Miró otra vez a Desa.

—Casi tienes razón. Yo era un rey. Ya no lo soy.

Dejó caer la corona al suelo.

Lumu escribió una nota.Se la mostró a Desa.

La nota decía: «Pregúntale si puedo coger la corona ahora».

Desa negó con la cabeza. No le prestó atención a Lumu.

—¿Qué pasó? —le preguntó al antiguo rey—. ¿Y por qué habéis venido a Cañada de las Aves?

Los otros jinetes detuvieron los caballos.Todos descendieron.Se pararon junto a su rey.

—Estos hombres —dijo— son los últimos humanos. Hubo una guerra muy grande en el este. Todos murieron. Ya no soy rey... porque ya no hay a quién gobernar.

—Entonces, ¿para qué habéis venido? —preguntó Pidor. Detrás de él, su mujer escondía a sus hijas.

—No temas por tus hijas —dijo el líder, rascándose la barba rojiza—. Me llamo Iardo. Estoy llevando a estos siete hombres al pueblo de Manantiales, junto al mar, pero estamos perdidos.

—Me llamo Desa. Necesitas un guía —dijo Desa, y dio un paso hacia adelante.

—Sí, es verdad que necesito un guía —dijo Iardo—. No tengo dinero, pero tengo esta corona de oro. Se la daré a quien nos ayude.

Ari tenía una duda.

—¿Por qué debéis ir a Manantiales? ¿Qué os espera allí?

—Existe un rumor que dice que mis amigos están allí. Tal vez no somos los últimos humanos. Necesito saberlo, ¡por eso estamos buscándolos!

Lumu le escribió una nota a Desa.Quería ir porque quería la corona. Desa asintió con la cabeza. Ella también deseaba hacer el viaje.

—Te ayudaremos —dijo.

Ari parecía asustado. No podía permitirle a Desa que se fuera con estos desconocidos. Le susurró algo en esligonio, pero Desa negó con la cabeza.

—Yo voy —le dijo—. ¡Ven con nosotros!

Iardo y sus hombres esperaban la respuesta de Ari.

—Yo solo quiero quedarme en casa —dijo Ari—. Pero iré con vosotros.

«Iré para protegerte, Desa», pensó.

Uno de los jinetes que tenía una cicatriz en la frente se inclinó y recogió la corona.Le quitó el polvo y la puso en una alforja, luego volvió a montarse al caballo.

—Entonces, tenemos un trato —dijo Iardo—. Tú —señaló a Lumu— montarás con Sadido, el que tiene la cicatriz. Por ahora, él guardará la corona—. Tú —señaló a Ari— montarás con el gordo Ekin, el que está allí atrás. Y tú, Desa, puedes montar conmigo.

Después de andar todo el día, llegaron al pueblo de Ladera. Ladera era un pueblo de montañas y mineros de joyas. También era un pueblo muy peligroso, lleno de criminales. Todos los mineros de joyas llevaban armas para protegerse de los ladrones.

El sol se había puesto hace horas.Era tarde y la gente los miraba.

—Debemos tener cuidado aquí —dijo Ari—. Deberíamos haber ido por alrededor del pueblo de Ladera.

—Así es más rápido —dijo Desa—. Además, nadie va a molestar a ocho humanos grandes.

«Tal vez no», pensó Ari. «Pero todos van a molestar a dos esligos y los brillis nunca pelean. Lumu no nos sirve. Debemos quedarnos siempre con los humanos» .

—Estamos cansados —dijo Iardo—. Los caballos necesitan descansar. Yo también.

—¿Qué? ¿Te quieres quedar aquí? —preguntó Ari—. Sigamos. Podemos acampar fuera del pueblo.

—No tenemos nada para acampar. ¿Deseas dormir sobre el piso sin una cobija o una carpa?

—No, pero...

—Entonces alquilaremos habitaciones por esta noche —dijo Iardo y anduvo hacia un grupo pequeño de cabañas—. Mañana partiremos temprano para que no estéis asustados por tanto tiempo, pequeños esligos.

Desa se rio, pero Ari estaba preocupado. Iardo y sus hombres amarraron los caballos a unos postes de madera. Iardo caminó hasta la cabaña principal.

—Dijiste que no tenías dinero —dijo Ari.

El hombre alto y barbudo con el abrigo amarillo dio la vuelta.

—¿Qué?

—En Cañada de las Aves... dijiste que no tenías dinero.

Iardo miró fijamente al esligo menudo.

—Es verdad. ¿Qué quieres decir?

—¿Cómo pagarás por las habitaciones?

Los humanos miraron a su líder. Sadido le sonrió a Lumu, que escribió «?» en su libreta. Ekin apoyó la mano sobre el hombro de Ari.

—Es una buena pregunta, pequeño esligo —dijo Iardo—. Pero no te preocupes, los convenceré. Soy muy persuasivo cuando necesito serlo.

* * *

En verdad, Iardo era muy persuasivo.Les consiguió cuatro habitaciones grandes.Una para él, dos para sus hombres y una para que compartan Ari, Desa y Lumu.

Desa escogió la cama.Ari y Lumu pusieron cobijas sobre el piso.Al menos, las habitaciones eran cálidas.

—No confío en él —dijo Ari—. ¿Cómo consiguió las habitaciones sin dinero?

Lumu escribió una nota: «Tal vez amenazó al dueño de las cabañas...»

—Sí, yo pienso lo mismo —dijo Ari—. ¡Le dijo al dueño de las cabañas que sus hombres les harían daño!

—No hables tan alto —dijo Desa—. ¿Piensas que Iardo es peligroso? Si es así, no hables tan alto o te oirá.

—Solamente digo que no lo conocemos. Y ahora, pasaremos la noche en Ladera.Esto fue una mala idea.

—Estoy de acuerdo —dijo Desa—. ¡Traerte fue una mala idea!

Lumu se rio. Ari se dio la vuelta y trató de dormirse.

* * *

Cuando finalmente los tres se habían quedado dormidos, la puerta se abrió de un golpe. Unas figuras oscuras habían roto la puerta y habían entrado en la habitación.Ari se sentó, pero le pegaron en la cabeza.Se cayó hacia atrás y se chocó contra Lumu.Oyeron a Desa gritar y vieron que una de las figuras la levantaba.

¡La estaban secuestrando!

Ari se cogió la cabeza golpeada y volvió a levantarse.Las figuras oscuras no eran humanos; parecían mineros.Los mineros eran más bajos y fornidos que la mayoría de los humanos. Tenían la piel muy pálida porque no veían la luz del sol con frecuencia. Tenían ojos grandes para ayudarlos a ver mejor en la oscuridad de las minas.

Un minero sostuvo a Desa y corrió hacia afuera con ella. Tenía la mano sobre la boca de Desa y ella no podía emitir ningún sonido.

El otro minero esperó en la puerta por un momento. Parecía confundido.Tenía algo en la mano.Había cogido la cobija de Desa.

De repente, Ari escuchó el sonido de los humanos que se acercaban. ¡Ellos podrían ayudarles!

—¡Los mineros se han llevado a Desa! —gritó Ari.

Vio a Sadido y Ekin que corrían hacia él.El segundo minero corrió hacia la oscuridad y alcanzó al primer minero, que sostenía a Desa.

En la oscuridad, era difícil saber cuál de ellos la sostenía... ¡y cuál sostenía la cobija!

Ari los perseguía.Apuntó hacia ellos.

—¡Seguidlos! —les gritó a los dos humanos—. ¡Ellos tienen a Desa!

Los mineros corrían muy rápido.Ya se habían alejado demasiado.Uno fue hacia la izquierda, el otro hacia la derecha.

—¿Cuál tiene a la mujer? preguntó Ekin mientras corría junto a Ari.

—No sé cuál —dijo Ari—. Ven conmigo.Perseguiremos al de la izquierda. Sadido, ¡ve hacia la derecha!

Lumu se quedó en la cabaña.Los brillis caminan extremadamente despacio y nunca corren, pero cuando llegaron Iardo y los otros humanos, Lumu les escribió la historia de lo que había sucedido.

—No te preocupes —dijo el antiguo rey—. ¡Mis hombres atraparán a esos monstruos! Salvarán a tu amiga.

* * *

Lumu esperó con Iardo y los demás. Luego de una hora, regresaron Ari, Sadido y Ekin.Desa no estaba con ellos.

—Atrapé a uno de los mineros —dijo Sadido—. Pero no tenía a la mujer esliga.Solamente llevaba una cobija.

—¿Dijo hacia dónde iba el otro minero?

—Sí —dijo el humano con cicatrices frotándose los puños—. Lo obligué a hablar. El secuestrador está llevando a Desa a los pueblos junto al mar.

—¿Por qué? —preguntó Iardo—. ¿También van a Manantiales como nosotros?

Sadido negó con la cabeza.

—Tratarán de venderla allí.

Ari se sorprendió.

—¿Qué quieres decir con venderla? ¡Es una persona, no un caballo!

Los ojos azules de Iardo estaban muy tristes.

—Creo que hay muchas cosas que no sabes sobre el mundo — dijo. Nunca has estado fuera de Cañada de las Aves, ¿no?

—No es seguro salir —dijo Ari.

—¿Por qué no es seguro?

—Porque en los otros pueblos pasan cosas malas...

El líder bajó la mirada hacia sus pies.

—Pero, no sabes qué cosas malas, ¿no? Todo lo que sabes es que el mundo «no es seguro».Pero no sabes por qué.

—Nunca he querido saber por qué —dijo Ari llorando. ¿Por qué se había ido de su pueblo? ¡Sabía que tenía razón! ¡Había que quedarse en casa! ¡Era todo culpa de Desa! Y ahora... ahora Desa no estaba.

—Comprendo —dijo Iardo—. Pero vístete. Nos vamos. Aprenderás las cosas que no querías saber.

Les llevó dos días llegar a Manantiales.El pueblo junto al mar era hermoso; las playas de arena eran limpias y preciosas.El mar azul se veía cálido y lleno de vida. Pero no había tiempo para pescar o divertirse.

Desa todavía estaba desaparecida.Quizás estaba allí.Quizás el minero aún la tenía prisionera... a menos que ya la hubiese vendido.

«Nunca había visto algo como esto» escribió Lumu. «Cuando encontremos a Desa, ¡debemos salir de aquí!»

Ari estaba de acuerdo. Manantiales parecía un pueblo perfecto. Pero no se sentía cómodo allí.

—Hay algo que está mal en este lugar —le dijo a su amigo—. ¿Puedes sentirlo?

Lumu se encogió de hombros.Los brillis no podían sentir muchas cosas. No eran personas muy sensibles.

Iardo les guiaba. Su caballo negro iba adelante. Parecía que sabía lo que hacía.

—¿Habéis estado aquí antes? —preguntó Ari.

—No.

—¿Dónde comenzaremos nuestra búsqueda?

Iardo llamó a Sadido con la mano. Sadido acercó su caballo al de su líder.

—¿Qué desea, mi señor? —Sadido le preguntó a Iardo.

El humano alto vestido de amarillo señaló a Ari.

—Explícale a este esligo hacia dónde estamos yendo.

—Estamos yendo al mercado de esclavos —dijo el hombre con cicatrices—. Allí encontraremos a tu amiga Desa.

—¿Cómo sabes eso? —dijo Ari.

—Lo sabe —dijo Ekin— porque es inteligente.

Ari estaba cada vez más asustado.Tenía una sensación que no le agradaba.

—¿Y cómo sabes dónde está el mercado? ¡Dijiste que nunca habías estado en este lugar!

De repente, Ari se dio cuenta de algo: no había visto a nadie en Manantiales. Pero en ese momento vio a alguien: un minero pálido. ¡No, un grupo de mineros!

Miró hacia el interior del edificio por la ventana. Adentro había mineros. A lo lejos, vio a un minero montado a caballo... ¡no, era un burro!

—Lo siento —dijo Iardo—, pero no he sido honesto contigo.

Señaló hacia la izquierda. No muy lejos, Ari vio una zona grande rodeada por una cerca. Parecía una jaula grande para animales.Dentro de la jaula había muchos esligos y otras criaturas.Eran prisioneros.

—Este pueblo hermoso tiene el mercado de esclavos más grande del oeste —dijo Iardo—. Traemos muchos esligos aquí. Puedes verlos en ese lugar. Y mira, ¡allí está tu amiga!

—¡Desa! —gritó Ari. Desa estaba en la jaula.Estaba viva... pero estaba presa.

—Vosotros trabajáis con los mineros —dijo Ari—. ¡Les estáis ayudando!

—A veces —dijo Iardo—, les traemos uno o dos esligos en camino a Manantiales a comprar pistolas. Los mineros hacen muy buenas pistolas, ¿no, Ekin?

—Las mejores —dijo Ekin, apuntando una pistola muy buena hacia Ari.

* * *

Los humanos pusieron a Ari y a Lumu en la jaula. Desa corrió a saludarlos.

—¡Pensé que nunca iba volver a verlos! —dijo—. ¡Lo siento, todo esto es mi culpa!

—No digas eso —dijo Ari abrazándola. Miró a su alrededor.Había al menos cien esligos en la prisión.

—¿Cuánto tiempo lleváis aquí? —le preguntó a uno de ellos.

—No mucho —dijo el joven esligo—. Hoy nos venderán.

—¿A quién nos venderán?

—No sabemos. Por cierto, me llamo Quelo.Mi hermano, Makán, está por allí. Quelo apuntó a un pequeño esligo. Makán no tenía buen aspecto.Parecía enfermo.

—Tenemos que escapar —dijo Ari. Parecía que era uno de los esligos más viejos de la jaula.

—Lumu, ¿qué podemos hacer para salir de aquí?

Lumu frunció el ceño. No era luchador. No tenía ideas. Pero luego vio cómo uno de los mineros caminaba hacia un burro. El minero hizo algo, pero Ari no lo vio.

Lumu tomó su libreta y escribió una nota.

«Está oscureciendo», escribió. Dibujó un burro y sonrió. «Esperaremos hasta que llegue la madrugada».

Ari y Desa leyeron la nota. No comprendían.

Lumu dibujó una llave. Señaló el dibujo del burro. Ari miró hacia los burros de carne y hueso.Uno de ellos tenía una pequeña bolsa de cuero.

«¿Tal vez los guardias esconden las llaves de la jaula en esa bolsa?», se preguntó Ari.

Luego vieron cómo Iardo y sus hombres hablaban con los mineros. Los humanos se reían. Los mineros le pagaban a Iardo. Luego Sadido cogió la corona.Los mineros estaban muy impresionados porque era una corona de oro de mucho valor.También les dieron dinero por la corona.

—Mintió sobre todas las cosas —dijo Desa—. ¡Robó la corona como me robó a mí!

Iardo miró hacia Desa, como si la hubiese oído. Sonrió.Desa escupió en el piso.

* * *

Esa noche, más tarde, los humanos se habían ido.Habían tomado su dinero y se habían marchado.Todos los esligos estaban sobre el suelo durmiendo. Los mineros se habían ido a casa, a excepción de algunos guardias. La mayoría de los guardias estaban bebiendo y jugando un juego de cartas. Algunos de los burros estaban parados alrededor de la jaula. Los burros no estaban atados.Podían caminar adonde quisieran.

Cuando todo estuvo en silencio, Lumu le dio un golpecito a Ari en el hombro. Ari le dio un golpecito a Desa y a Quelo. Ninguno estaba dormido.Solamente fingían.Poco a poco, todos los esligos se levantaron.

Lumu, el brilli, mostró la palma de su mano. La mano brillaba con una pequeña luz roja. Agitó la mano hacia donde estaban los burros y estos la miraron. Muy lentamente, caminaron hacia la jaula para ver qué era esa luz. Como todos los brillis, Lumu era muy bueno con los animales. Los animales lo adoraban y él los quería mucho.

Los burros no tenían miedo de Lumu.Caminaron hasta pararse a su lado.Lumu alargó la mano y le quitó la bolsa al burro. ¡La llave estaba adentro de la bolsa! Se la dio a Ari y Ari abrió la jaula con rapidez.

Los guardias estaban durmiendo una siesta. Con cuidado, Ari y Desa les quitaron las armas y se las dieron a los otros esligos. Juntaron a todos los burros y lentamente se alejaron de la jaula.Se escaparon de Manantiales de manera muy silenciosa.

Al día siguiente, irían por el camino largo alrededor de Ladera, y luego regresarían a Cañada de las Aves.Ari, Desa y Lumu les contarían a los demás lo que había pasado, luego acompañarían a los otros esligos secuestrados de vuelta a sus pueblos.

Muy pronto, todos los pueblos esligos se unirían. Muy pronto, formarían un ejército todos juntos. Pelearían con los mineros... y también con los humanos si veían alguno.

Los inocentes esligos habían aprendido dos lecciones importantes. El mundo es un lugar que da miedo y... ¡nunca debes confiar en un humano!

Story 4: Los Cuentos del ratón

A mouse has to travel far away to save his family from an evil cat.

Un día, Gus el ratón recibió una carta de su hermano, Nico. La familia de Gus era muy grande, pero él era el único que vivía en el Gran Bosque. El resto de su familia se había mudado a vivir debajo de una casa de humanos. Le dijeron que era tonto quedarse en el bosque, porque en la casa siempre había mucha comida deliciosa. Pero a Gus le encantaba vivir en el bosque, y no quería vivir debajo de una casa, donde todo estaba oscuro y hacía frío.

Gus no escuchaba a menudo de su familia, por lo que estaba interesado en leer lo que Nico tenía que decir en su carta.

"Estimado Gus,

Te escribo porque tenemos un problema aquí en la casa. He oído todo sobre lo que has estado haciendo. Estoy muy impresionado y estoy seguro de que nos podrás ayudar.

Durante muchos años hemos comido felizmente la comida de los humanos. Aprendimos a evitar sus trampas, y solo salimos de noche, cuando están dormidos. Incluso sabemos cómo abrir las alacenas, para poder comer toda la comida en la cocina.

Los humanos no están contentos con esto, pero tienen tanta comida. Es demasiado para ellos. Los estamos ayudando, de verdad.

El problema es que recientemente los humanos trajeron un gato a la casa. Es una cosa grande, naranja, fea, con dientes afilados y garras. Ya ha matado a los primos Pepe y Lalo. Ahora por la noche tenemos miedo de salir, porque el gato siempre está esperando matarnos.

Escuché que te está yendo muy bien en el bosque. Escuché que eres muy poderoso ahora. La rana, Hugo, te trae comida todos los días. El halcón, Bruno, tiembla de miedo cuando te ve y te lleva de un lugar a otro como si fuera una mascota. Incluso pudiste hacer que César, el gran león, te tuviera miedo. Escuché que ahora él no tiene dientes ni garras, porque te tiene mucho miedo.

Todos nosotros en la casa estamos asombrados de ti, Gus. ¡Ya no eres el mismo ratón asustado que conocíamos! Por favor, necesitamos tu ayuda pronto. No nos queda mucha comida. Sube a tu halcón mascota y ven a matar al gato.

Mucho amor,

Nico el ratón"

Gus estaba sorprendido. Todas las cosas que Nico había dicho sobre él eran falsas. Hugo no le traía comida. Bruno no le tenía miedo. Y César se había quitado los dientes y las garras porque se enamoró de una venada llamada Susi. Parecía que las noticias habían salido del Gran Bosque, pero nada era verdad.

Gus no sabía qué hacer. Parecía que su familia estaba en un gran problema. Pero él no era el increíble ratón que pensaban que era. No podía discutir con un gato, y ciertamente no podía matar a uno. Pero se preocupaba mucho por su familia y quería ayudarlos.

Entonces, Gus le pidió a Bruno que lo llevara a la casa.

"¡Jaja!" río Bruno "De ninguna manera. Solo te ayudé antes porque eras amigo de César. Pero sin sus dientes y garras, César no puede hacer nada para lastimarme. No tengo que hacer nada por ti, Gus."

"Sé que no tienes que hacerlo, Bruno. Pero por favor, necesito tu ayuda. Sé que eres bueno, de verdad. Dejaste vivir a Hugo cuando le habías cazado."

"Oh, está bien", espetó Bruno "Te llevaré si aceptas no contarle a nadie sobre esto."

"Es un trato."

El viaje a la casa fue incómodo. Bruno sostuvo a Gus en sus garras, y pensó que le sostenía un poco más fuerte de lo necesario.

Cuando aterrizaron, era de noche, y los ratones esperaban afuera. Había docenas de ellos.

"¡Primo Gus, primo Gus!" gritaron todos "Y esta debe ser tu mascota Bruno."

"¿Mascota?" gritó Bruno. "Gus, ¿qué les dijiste a estos ratones?"

"Es una larga historia. Puedes regresar, Bruno. Te veré mañana en la mañana."

Bruno se alejó volando, quejándose en voz baja.

"¡Rápido!" dijo Nico "Entremos. El gato podría estar en cualquier lugar."

Atravesaron un agujero en la casa de los ratones. Era muy grande e iluminado por pequeñas velas.

"Hola, Gus."

"Qué bueno verte."

"Ha sido un largo tiempo."

"Te ves saludable."

Todos saludaron y empujaron a Gus al centro de la habitación, a una caja de fósforos, y lo rodearon. Los ojos de todos sus primos, hermanos y hermanas brillaron ante él, iluminados por la débil luz. Esperaron en silencio.

"Querida familia. Gracias por invitarme aquí. Lamento haber tenido que venir en un momento difícil para todos ustedes."

"¡Pero no será difícil por mucho tiempo!" gritó Nico "¡Gus, diles todo lo que has hecho!"

Gentil tragó saliva.

"Todos ustedes han escuchado todo tipo de historias sobre mí. Pero solo tienes una parte de la verdad. Es cierto que soy amigo de César el león y Bruno el halcón, pero no es así como piensan."

Algunos de los ratones se susurraron entre sí. Había una atmósfera nerviosa en la habitación. Cortés levantó la pata y se aclaró la garganta.

"Me hice amigo de César después de salvarle la vida".

"¡Ya ves!" gritó Nico "Eres fuerte. ¡Salvaste la vida de un león!"

"Todo lo que hice fue morder una cuerda hasta que se rompió. No sé si eso es 'fuerte'."

"Pero ¿qué hay de sus dientes y garras?" gritó una voz en el fondo.

"César decidió quitarse sus propios dientes y garras" explicó Gus. "Se enamoró de la Venada Susi, y el Rey de los Venados le obligó a hacerlo para casarse con ella."

Gus se sorprendió de que esta noticia no habíallegado a la casa, pero supuso que a los ratones no les importaba mucho la vida de los venados.

"Pero ¿cómo conseguiste que el halcón te llevará hasta aquí?" dijo un ratón gordo. "¡Los halcones generalmente comen ratones!"

"Debido a mi amistad con César, Bruno no me hará daño."

"¿Y Hugo la rana ...?"

"Hugo no es mi amigo. No creo que me lastime, pero tampoco creo que me tenga miedo."

Un terrible silencio estalló entre los ratones. Gus inclinó la cabeza y bajó de la caja. Sintió que muchos ojos lo miraban fríamente. Había sido un error venir.

Nico saltó en lugar de Gus: "¡Hermanos, hermanas, primos! Debemos decidir qué hacer con el problema del gato. Nuestro plan original no ha funcionado."

Entonces los ratones comenzaron a discutir. Eran como los ratones del Gran Bosque, a quienes les encantaba sentarse en el campo y discutir todo el día. Pero la familia de Gus no era tan inteligente como los ratones del bosque, por lo que se gritaron y se hicieron sugerencias sin escuchar a los otros ratones.

La vida en la casa oscura les había vuelto insensatos, y también estaban aterrorizados. Gus observó, jugando nerviosamente con su cola, mientras la discusión se volvía más agresiva.

Finalmente, una ratona tan delgada como una ramita se subió a la caja de fósforos y gritó: "¡Suficiente! Déjenme expresar mi opinión, y si alguno de ustedes, tontos peludos, me interrumpe, los golpearé."

Gus levantó la vista y, en estado de shock, se dio cuenta de quién era: Diana, su hermana menor. Diana era débil y enfermiza. Todos decían que ella era fácil de ser llevada por el viento. Pero Gus había creído en ella, y cuando estaban creciendo la cuidaba constantemente. Ahora era mucho más grande, estaba parada en la caja de fósforos, y tenía más confianza que nunca. Pero seguía siendo la misma ratona delgada, con una voz chillona.

"No podemos deshacernos del gato" dijo Diana "pero quizás al menos podamos evitarlo. El problema ahora es que solo salimos de noche y no podemos saber dónde está el gato. Tengo una solución."

Detrás de ella, sacó un objeto de metal grande y redondo. Era pesado, y ella jadeó mientras lo empujaba hacia el centro de la habitación.

"Los humanos llaman a esto una 'campana.' Cuando lo mueves, hace un ruido."

Ella hizo girar la campana y tintineó. Los otros ratones jadearon. Nunca habían visto algo así.

"Si el gato lleva esta campana en su collar" continuó Diana "cuando llegue, la escucharemos y podremos escapar."

"¡Una idea excelente!" gritó Nico, y todos los demás ratones estuvieron de acuerdo. "¡Bien hecho, Diana! Quizás no necesitábamos invitar a Gus después de todo."

De nuevo, docenas de miradas frías se fijaron en Gus.

Pero Diana sacudió la cabeza. Ella fue la única que no lo miró.

"Hay un problema. Todavía necesitamos a alguien para colocar la campana, y como pueden ver, es muy pesada. ¿Quién será lo suficientemente valiente para hacer esta tarea?"

Cuando terminó de hablar, una pequeña sonrisa se extendió por sus labios.

Hubo susurros alrededor de la habitación, y luego, lentamente, todos los ojos se volvieron hacia Gus. Incluso Diana lo estaba mirando.

Ahora sabía que venir aquí había sido una mala idea.

***

"¿Diana?"

Gus seguía a su hermana a través de uno de los pasillos de la casa. Ella caminaba muy rápido, y él tuvo que correr para alcanzarla. Esto fue difícil, ya que llevaba la campana, y esta golpeó el suelo mientras corría, haciendo un ruido fuerte.

"¡Diana!" dijo Gus "¿Por qué no me contestas?"

Diana se detuvo de repente y Gus se topó con ella y la tiró al suelo.

"¡Idiota!" gritó ella. Ella empujó a Gus lejos "Mantén esa cosa en silencio. Estamos cerca de la entrada de la casa. ¿Estás listo?"

Gus sacudió la cabeza. Todavía no se había dado cuenta completamente de lo que iba a suceder: iba a poner esta campana en un gato sin ser notado.

Pero esa no era la razón por la que estaba preocupado.

"No me iré hasta que me digas lo que está mal." dijo Gus

"¿Mal? Sabes lo que está mal. Este monstruo peludo está viviendo en nuestra casa, robando nuestra comida. Y sigo siendo la pequeña cosa débil y suave que siempre fui."

"Pero has cambiado."

Diana lo miró fijamente durante mucho tiempo. Sus ojos se clavaron en él, y él tuvo que mirar hacia otro lado.

"Por supuesto que he cambiado" dijo, perfectamente tranquila "No todos tenemos lindos y pequeños amigos leones para protegernos de las malas bestias que yacen en la oscuridad."

"Quería que te quedaras. Pero la familia..."

Diana se inclinó cerca de Gus, haciendo que este dejara de hablar. Podía sentir su aliento en la cara. Olía a algo horrible, pero Gus no estaba seguro de qué.

"No me querías. Ahora ve, oh poderoso héroe del ratón, y pon a ese gato en su lugar," dijo Diana.

Ella lo agarró por el cuello y lo arrojó hacia la luz. Gus se dio la vuelta para decir algo, pero ella ya se había escapado.

Se sintió mal del estómago. Cuando su familia dejó el Gran Bosque, él había sido el único que permaneció. Sus tíos y tías no creían que pudiera cuidarla, y se negaron a dejarla quedarse. No estaban seguros de que ella sobreviviera al viaje a la casa, pero aun así pensaban que era más seguro que dejarla con Gus, el ratón más débil que jamás haya vivido.

"No, Gus" se regañó a sí mismo "No puedes pensar en eso ahora. Tienes un trabajo que hacer."

Respiró hondo y se afiló los bigotes. El dolor lo hizo concentrarse.

Se dirigió hacia la luz de la cocina, y fue entonces cuando se dio cuenta del primer problema. Era imposible cargar la campana y moverla rápido sin que sonara

Llegó al borde del agujero de ratón y parpadeó. Sus ojos todavía no podían ver tan bien en la oscuridad. Estaba acostumbrado al brillante espacio abierto del bosque, y la casa era más oscura que el interior de la cueva de César.

Gentil resopló y pensó "Esta debe ser la 'cocina', la habitación donde los humanos guardan su comida."

Más allá de la cocina había un pasillo oscuro, y sintió miedo con solo mirarlo. Tomó con cuidado la campana, la silenció como pudo y se arrastró hacia adelante. Lentamente, sus ojos se acostumbraron a la luz y distinguió formas de objetos extraños. Había sillas, mesas y estanterías, pero para Gus no se parecían a nada que hubiera visto antes. En un momento, pensó que vio al gato y saltó, pero cuando se acercó vio que vio otra cosa. Era algo hecho de un material duro, blanco, pintado con patrones azules. Al lado había un pequeño ratón, hecho de lo mismo, mirándolo con ojos sin vida.

Había oído hablar de las cosas horribles con las que los humanos se rodeaban, pero nunca imaginó que fueran tan horribles. Se preguntó si alguna vez habían sido animales reales, y que los humanos les convirtieron en estatuas malvadas. ¿Era el ratón quizás uno de sus parientes? Gus se sintió desesperado. Estaba temblando de miedo, y tuvo que sostener la campana con fuerza para evitar que hiciera mucho ruido.

Diana quería castigarlo. La había lastimado, más de lo que nunca se había dado cuenta. ¿Por qué no le había escrito a ella todos esos años? Se puso rojo al recordar esa parte de su vida. Después de que su familia se fue, los otros ratones del Gran Bosque se burlaron de él y lo acosaron, y él había sido tan miserable que apenas podía pensar en nadie más.

Quería terminar esto e irse a casa. La cuestión era que no podía moverse rápidamente mientras sostenía la campana. Un largo corredor se extendía ante él, sin ningún lugar para esconderse, y decidió que sería más seguro cruzarlo e ignorar el sonido. Habría escuchado al gato si estuviera cerca, ¿verdad?

Corrió por el piso, la campana golpeó ruidosamente en las tablas del piso, y luego, de la nada, una pata cayó sobre su cola.

"¡Oh, migas!"

Una mano cálida y pesada lo levantó en el aire, y la campana cayó al suelo y tintineó tristemente. Miró cara a cara a un gordo gato naranja. Su cabello era grueso y pesado, lo que probablemente lo hacía más tranquilo en la casa, y tenía una sonrisa malvada en su rostro.

"Bien, bien, bien. Un nuevo bocadillo me ha llegado. Y este tiene un instrumento musical."

"Eres el gato," dijo Gus miserablemente.

"Tengo un nombre," dijo. "Puedes llamarme Fani, aunque no

vivirás lo suficiente como recordar mi nombre. Debes ser el poderoso Gus, de quien todos los animales no dejarán de hablar. He escuchado grandes historias de tu poder. ¿De verdad voy a creer que hiciste esas hazañas?"

Fani sostuvo a Gus cerca de su ojo, que brillaba como una llama. Podía sentir su cálido aliento sobre él. Olía a pescado.

"Es verdad" dijo Gus. Estaba seguro de que iba a morir, pero bien podría intentarlo. "Y tengo un halcón como mascota, y una rana como sirviente."

"No lo creo. Siempre pensé que esos ratones contaban historias. Si eres tan genial, ¿por qué te atrapé tan fácilmente?"

Gus no pudo responder a eso. Simplemente cerró los ojos y esperó a que lo comieran.

"¿Sabes la razón por la cual esta familia decidió no tener trampas para ratones?" preguntó Fani el gato.

Después de unos segundos, Gus se dio cuenta de que estaba esperando su respuesta. "No. ¿Qué es una trampa para ratones?"

"Un pequeño objeto de madera con un trozo de queso. Y, por supuesto, esas pequeñas cosas sin cerebro tienen tanta hambre. Corrían directamente a la trampa, llenos de emoción, ¡y luego SNAP!"

Fani estrelló sus patas contra Gus y le dejó sin aliento.

"La trampa cae sobre el ratón y le mata. Pero la familia pensó que sería cruel usar trampas para ratones. Pensaron que era más amable dejarme hacerlo. Pero me he puesto de pie y he escuchado las conversaciones que tienen esos ratones, y en mi opinión merecen una muerte sangrienta por ser tan tontos."

Gus no había escuchado mucho sobre los humanos, pero la historia de Fani no tenía sentido. "¿Por qué a los humanos les importaría cómo nos matan? Quiero decir, morimos de cualquier manera."

Fani rio amargamente "Me recuerdas a la niña en mi vieja casa. Ella siempre hacía preguntas estúpidas también."

"¿Estabas en una familia diferente?" preguntó Gus. En realidad, no le interesaba la vida pasada de este asesino, pero mientras Fani continuaba hablando, ella le sujetó la cola con menos fuerza.

"¡Oh!" Fani levantó su otra pata hacia su cabeza en un gesto de dolor. "Sí, yo era la querida mascota de una familia rica. Es decir, hasta que consiguieron esa bestia. Un perro pequeño, feliz y asqueroso. Hice lo que cualquier animal amable y atento haría. Lo saqué de su miseria y rompí el hechizo que tenía sobre ellos. Quiero decir realmente, ¿cómo podrían amar a una criatura tan patética? Debes saber todo sobre eso. La gente te odia porque eres patético, ¿no?

Normalmente, esto habría dolido en el corazón de Gus. Pero él ya estaba en la cima de su tristeza. "Sí, me odian en todo el bosque," respondió Gus.

"Exactamente," dijo Fani "Representas todo lo que está mal en el mundo. Eres la debilidad que debe ser asesinada. La niña no entendió eso. Ella los hizo deshacerse de mí."

Fani miró a lo lejos, su rostro se encogió de ira, aplastando a Gus con su pata. "Ahora tengo que sobrevivir en esta casa oscura y polvorienta, viviendo de viejos trozos de pescado y pequeños ratones grasientos. Sin embargo, voy a disfrutar mucho comiéndote. Tienes un olor agradable."

Fani levantó a Gus hasta su boca.

"¡Espera!" gritó. "¿Nunca has considerado mudarte a la naturaleza?"

Fani hizo una pausa y lo miró fríamente "Puedo ser cruel y fuerte, pero realmente soy un gato doméstico. Me gusta la comodidad de un fuego cálido y un tazón de leche. Incluso si es leche vieja."

"Podríamos ser fuertes juntos. Las historias sobre mí no son completamente ciertas, pero cambié al gran león César. Ya no tiene dientes ni garras. Y sin embargo, él mató al Rey de los Venados, porque yo le dije que lo hiciera. Bruno, el halcón puede no ser mi mascota, pero ella me sirve, ella es la que me trajo aquí."

Fani lo miró con recelo "¿Y cómo lo lograste?"

"No soy fuerte, pero estoy convencido de mis palabras."

Encontró una confianza en él que nunca antes había experimentado. "Sí, me atrapaste porque estaba sin mis aliados. ¡Pero juntos, seríamos tan poderosos! ¿No preferirías eso a comer pescado viejo en la casa de una persona pobre? Estás gordo por la carne de mis hermanos y hermanas, pero una vez que los hayas matado a todos, ¿qué habrá para ti? ¿Te seguirán necesitando los humanos? Claramente no sienten amor por ti, pero los animales del bosque al menos podrían sentir miedo."

Fani pensó en las palabras de Gus durante un largo minuto. Lanzó el ratón entre sus patas mientras lo hacía, asegurándose de evitar de soltarlo. Sintió sus afiladas garras rozar contra él más de una vez, pero no dijo nada.

"Y en el Gran Bosque... ¿hay muchos otros ratones?"

Gus sonrió amargamente. "Sí, hay muchos ratones torpes y fáciles de cazar."

***

"¡Tres hurras por Gus! ¡Hip hip hurra! ¡Hip hip hurra! ¡Hip hip hurra!"

Debajo de la casa de los humanos se estaba celebrando una fiesta. Había pan, queso, pasas, manzanas... había mucha comida y los ratones la comían sin miedo.

Cuando Gus volvió con la campana, diciendo que el gato se había ido, nadie le creyó. Pero después de que Diana salió e investigó la casa, declaró que era verdad, aunque no parecía que ella misma lo creyera.

Como resultado, volvieron las historias fantásticas de la valentía de Gus. De hecho, se volvieron aún más exageradas. Incluso contaban historias de cómo Gus había montado a César el león en la batalla para derrotar al Rey de los Venados.

Era la primera vez en la triste y pequeña vida de Gus que había sido el centro de atención y no sabía qué hacer consigo mismo. Al principio, dijo que no, pero a medida que comía y bebía, se divertía cada vez más, y finalmente comenzó a estar de acuerdo con las historias. Había extrañado a su familia, se dio cuenta.

Diana se quedó al borde de la fiesta y se fue a la cama temprano. Gus trató de hablar con ella, pero los otros ratones empujaban trozos de queso frente a él, exigiéndole que jugara un juego llamado "La Rata Quesosa", donde tenía que poner la mayor cantidad de queso posible en sus mejillas.

Al día siguiente, Gus se despertó con un gran dolor de cabeza y Diana lo miró fijamente.

"¿Te divertiste anoche?"

'Sí, en realidad lo hice. Lo siento, Diana, espero que no creas que no me importas... Realmente no hice nada especial. Hablé con el gato y le convencí de que volviera al Gran Bosque conmigo."

"Eso es gracioso. Eso no es lo que le dijiste a los demás."

Gus se puso rojo. "Las cosas estuvieron un poco locas anoche. Puedo explicarte..."

"Bueno, te alegrará saber que tu mascota está aquí esperándote."

"¡Oh! ¿Bruno, quieres decir?"

"¿Y cómo le convenciste para que se inclinara ante ti, me pregunto?"

"Diana, ya sabes, no es demasiado tarde. Todavía puedes venir a casa conmigo. No puedo compensar lo que hice, pero ¿quizás podamos tener una nueva vida juntos? El bosque es peligroso, pero es una vida mejor que aquí."

Diana parecía que no estaba convencida "No necesito salvarte, héroe. Disfruto de mi vida como un ratón doméstico. No sabría qué hacer con todos los eventos extraños y animales extraños en ese Gran Bosque tuyo."

Sin otra palabra, ella lo levantó en sus brazos y lo sacó del agujero del ratón. Los otros ratones apenas se estaban despertando, y algunos de ellos le dijeron adiós con sueño, pero él estaba fuera de la puerta antes de que pudiera responder.

"¡Oye! No pude despedirme de Nico."

"Le daré tus saludos."

Bruno se acercó a ellos cuando Gus se frotó los ojos, que dolían por la luz del día.

"He estado esperando durante horas," dijo "Si no entras en mi garra ahora me iré sin ti y tendrás que arrastrarte de regreso al bosque."

Gus pidió un momento para despedirse, pero Diana empujó la campana hacía él.

"Como ya no necesitamos esto, ¿por qué no te lo llevas a casa para recordarles a todos lo valiente que eres?"

Y antes de que Gus pudiera responder, Bruno lo había recogido en sus garras y estaban volando. Se dio la vuelta para ver a Diana mirándolo, antes de volver dentro de la casa.

"Entonces, ¿qué es todo esto de que eres tan valiente? ¿Hiciste un truco de magia o algo así?" Bruno se reía de su propia broma.

"No soy valiente, solo un ratón con mucho que decir."

"¡Estoy de acuerdo con eso!"

Story 5: Lauro, mi muchacho

A decadent duke finds a magical paper which will help him to become the richest person in the kingdom.

Había una vez un joven duque que no tenía suerte. Había comenzado con una buena cantidad de dinero y una gran cantidad de amigos, pero cuando se le acabó el dinero, sus amigos también lo hicieron.

Y así se encontró una noche, harapiento, frío y hambriento, vagando por un bosque solitario. Casi había renunciado a buscar refugio para pasar la noche, cuando se encontró con una cabaña desierta y destartalada.

"Es mejor que dormir en el suelo," se dijo.

El duque entró y no encontró nada más que un gran cofre, de pie en medio de la cabaña. Esperando que contuviera algunos restos de comida, la abrió y levantó la tapa.

Dentro había otro cofre. Sacó ese y lo abrió también, pero encontró solo otro cofre dentro. También lo sacó y lo abrió, pero encontró otro cofre dentro.

"Lo que sea que haya aquí debe ser de gran valor, está tan bien escondido" se dijo, y siguió sacando y abriendo cofres, hasta que el piso quedó completamente cubierto por ellos.

Finalmente llegó a una pequeña caja, y cuando la abrió, encontró un trozo de papel.

"¿Eso es todo?" resopló el duque. Estaba a punto de derrumbarse y tirarlo a un lado, cuando notó algunas palabras escritas en él. Estaban tan desvaídos que apenas podía distinguirlas.

"Lauro... mi ... muchacho," leyó.

"Maestro, ¿qué deseas?" se escuchó de la nada.

El duque saltó sorprendido. Pero cuando miró a su alrededor, no pudo ver quién había hablado.

"Vamos a intentarlo de nuevo," dijo el duque, y sosteniendo el papel ante él, leyó: "¡Lauro, mi muchacho!"

"Maestro, ¿qué deseas?"

El duque todavía no podía ver a nadie, pero tenía idea de lo que pasaba.

"Tráeme una mesa," dijo, "y prepárala con el festín más rico que jamás haya tenido."

Un golpe, un zumbido y un silbido, y allí en la cabaña había una mesa para banquetes como nunca había visto el duque. Se acomodó y no dejó de comer hasta que compensó todos sus días de hambre.

Cuando terminó, sacó el papel nuevamente y leyó: "¡Lauro, mi muchacho!"

"Maestro, ¿qué deseas?"

"Llévate esta mesa y tráeme una cama grande y siete colchones."

Un golpe, un zumbido y un silbido, y en lugar de la mesa había una cama elegante, con tallas en cada poste.

El duque se recostó sobre ella, pero antes de irse a dormir, se dijo a sí mismo: "Es una pena colocar una cama tan hermosa en una choza tan baja." Así que volvió a buscar el papel.

"¡Lauro, mi muchacho!"

"Maestro, ¿qué deseas?"

"Cambia esta habitación, que esté tan bien como la cama."

Un golpe, un zumbido y un silbido, y el duque se encontró en una magnífica habitación, con un piso de mármol pulido y paredes con cortinas.

"Así es como debe ser" dijo el duque, se volvió de lado y se durmió.

Cuando el duque se levantó por la mañana, descubrió que Lauro había creado no solo una magnífica habitación, sino también un magnífico palacio para instalarla.

Vagó asombrado de una habitación lujosa a la siguiente, con los ojos deslumbrados por el brillo de los adornos de oro y plata.

Afuera, descubrió que el bosque había sido empujado hacia atrás para dar paso a céspedes, huertos y los mejores jardines de flores que había visto.

"Es cómo el cielo en la tierra" dijo el duque. "Pero no puedo hacerlo todo yo solo." Así que sacó el papel.

"¡Lauro, mi muchacho!"

"Maestro, ¿qué deseas?"

"Quiero sirvientes para ayudar a cuidar el palacio."

Un golpe, un zumbido y un silbido, y el palacio cobró vida con mucha gente. Las sirvientas, los mayordomos y los trabajadores de todo tipo se apresuraron, inclinándose o haciendo una reverencia al duque al pasar.

"Perfecto," dijo el duque. "Todo lo que necesito ahora es amigos para compartir esta buena fortuna. Y con una riqueza como esta, no debería tener que esperar mucho."

Ahora, al otro lado del bosque estaba el palacio del rey, y como de costumbre, cuando se levantó esa mañana, se acercó a la ventana y miró hacia afuera. Pero lo que vio no fue lo que esperaba.

"¡Chambelán, ven aquí!" gritó, y su chambelán se apresuró a entrar en la habitación.

"Dime, ¿qué ves?" dijo el rey, señalando por la ventana.

El chambelán miró y jadeó. "¡Un palacio, majestad!"

"Eso es lo que pensé," dijo el rey "¡Alguien ha construido un palacio en mi bosque sin siquiera preguntarme! Llama a mis tropas. ¡Derribaré ese palacio y colgaré al intruso!"

El rey y sus soldados pronto se dirigieron a través del bosque con el sonido de tambores y trompetas. Todavía estaban lejos cuando el duque escuchó la música. Él sabía lo que significaba. Entonces sacó su papel.

"¡Lauro, mi muchacho!"

"Maestro, ¿qué deseas?"

"Necesito un ejército, dos veces más grande que el que se acerca."

Un golpe, un zumbido y un silbido, y allí, frente al palacio, había largas filas de soldados y caballos, pistolas y cañones.

El rey y sus hombres emergieron del bosque, pero cuando vieron a las tropas frente a ellos, se detuvieron. Mientras el rey se preguntaba qué hacer a continuación, el duque se acercó.

"¡Bienvenido, majestad! ¿A qué se debe esta amable visita?"

"¡Te diré, sinvergüenza!" dijo el rey. "¡Quiero derribar tu palacio y encerrarte!"

"¡No hay muchas posibilidades de eso!" dijo el duque. "Su majestad puede ver el tamaño de mis fuerzas. Entonces, ¿por qué su majestad no me convierte en un aliado?"

"Supongo que eso podría tener más sentido," dijo el rey pensativamente.

El duque invitó al rey al palacio para una fiesta espléndida. Luego, el duque realizó un recorrido por el palacio, y el rey sólo pudo mirar con los ojos muy abiertos las grandes riquezas que se le mostraban. En poco tiempo, se sintió completamente atraído por la riqueza y el encanto del duque.

Mientras disfrutaba de una segunda comida magnífica, el rey comenzó a contarle al duque a su hija.

"Sería una esposa maravillosa para un hombre de tu posición," dijo el rey "Le hablaré sobre ti mañana."

"¡Gracias, majestad!" Dijo el duque.

Era tarde esa noche antes de que el rey se fuera. Tan pronto como el duque estuvo sólo, sacó su papel.

"¡Lauro, mi muchacho!"

"Maestro, ¿qué deseas?"

"Llévame al dormitorio de la princesa."

Un golpe, un zumbido y un silbido, y el duque se paró junto a la cama de la princesa. La encontraba tan encantadora allí tumbada que apenas podía recuperar el aliento.

"Princesa," llamó en voz baja.

Se despertó sobresaltada y se sentó aterrorizada. "¿Quién eres tú? ¿Qué estás haciendo aquí?"

"Soy simplemente un admirador," dijo el duque. "Y he venido solo para conocerte."

Cuando la princesa superó su sorpresa, encontró al duque bastante encantador. Hablaron y hablaron toda la noche, y al final se sintieron muy enamorados.

Justo antes del amanecer, el duque le tomó las manos. "¿Te preocupas por mí tanto como yo por ti?"

"Sí," dijo ella.

"Entonces dile al rey que con gusto serás mi esposa."

La besó una vez y salió sigilosamente de la habitación.

"¡Lauro, mi muchacho!"

"Maestro, ¿qué deseas?"

"¡Shhhhh! ¡No tan alto! Llévame de vuelta."

Un suave golpe, un zumbido y un silbido, y de vuelta estaba.

Esa mañana, cuando el rey le preguntó a su hija acerca de casarse con el duque, él estaba más que un poco sorprendido por su entusiasmo. La boda se celebró solo unos días después, y nadie lo pudo pasar mejor.

"Pero todavía hay una cosa que me desconcierta" comentó el rey al duque durante el gran baile. "¿Cómo lograste construir tu palacio tan rápido? ¡Es casi como si hubiera surgido de la noche a la mañana!"

"¿Durante la noche?" dijo el duque. "¡Vaya, qué curiosa noción, su majestad! Lo más probable es que no te hayas dado cuenta cuando lo construí."

"Supongo que debe ser eso," suspiró el rey. "Aun así, sus constructores deben haber sido maravillosamente rápidos."

"Oh, te concederé eso, su majestad," dijo el duque. "Maravillosamente rápidos."

Tarde esa noche, el duque yacía feliz en la cama con la princesa dormida en sus brazos. Acababa de comenzar a alejarse, cuando escuchó una voz que conocía bien.

"Maestro, ¿qué deseas?"

"¿Lauro? ¿Puedes venir sin mi llamado?" dijo el duque sorprendido. "De todos modos, debes saber que no deseo nada, porque tengo todo lo que podría desear."

"Entonces, maestro, concédeme un deseo. Deseo el trozo de papel que encontraste en el cofre."

"¿El papel? Bueno, supongo que realmente no lo necesito. ¡Después de todo, no olvidaré las palabras!"

El duque buscó su ropa, sacó el papel de un bolsillo y lo extendió a la oscuridad. Sintió que le arrancaban el papel de la mano. Luego se dio la vuelta y se fue a dormir.

A la mañana siguiente, el duque se despertó temblando, con la sensación de algo duro debajo de él. Cogió las mantas, pero no pudo poner sus manos sobre ellas. Él abrió los ojos.

No solo las sábanas habían desaparecido, sino también la cama y el dormitorio en sí. El duque llevaba puesta su vieja ropa hecha jirones, y él y la princesa estaban acostados en el gran cofre, en medio de la destartalada cabaña.

El duque se enderezó. "¡Lauro! ¡Lauro, mi muchacho!" Pero ninguna voz respondió. "¡Lauro, muchacho! ¡Lauro, muchacho!"

Entonces el duque se dio cuenta de lo que había sucedido. Al darle a Lauro el trozo de papel, el duque le había dado su libertad, y junto con eso, Lauro había recuperado todo lo que le había dado al duque. Y no había nada que el duque pudiera hacer al respecto.

La princesa, despertada por los gritos del duque, preguntó adormilada: "¿Qué estás haciendo, esposo?" Luego abrió los ojos y ella también se incorporó. "¿Dónde estamos?"

No había nada para el duque que contarle toda la historia. "Así que será mejor que vuelvas con tu padre," concluyó miserablemente "porque ahora no tengo nada que ofrecerte."

"No seas tonto," dijo la princesa. "¡Eres mi esposo!"

"¡Pero me casaste rico, y ahora soy un pobre!"

"Eso no tiene nada que ver," dijo la princesa. "¡Me casé con el hombre, no con el palacio!"

Mientras tanto, al otro lado del bosque, el rey se despertó como de costumbre, se acercó a la ventana y miró hacia afuera. Pero lo que esperaba no era lo que vio.

"¡Chambelán, ven aquí!"

El chambelán entró corriendo.

"Dime, ¿qué ves?"

El chambelán miró y luego miró más fuerte por la ventana. "¡Nada, su majestad!"

"Es lo que pensaba. Ahora, ¿puede decirme dónde está el palacio con mi hija y mi yerno?"

"¡No tengo idea, su majestad!"

"¡Entonces será mejor que lo averigüe!"

Entonces el rey se acercó con una pareja de guardias. No había señales de un palacio, pero después de un rato llegaron a la cabaña y encontraron al duque y a la princesa adentro.

"¿Qué significa esto?" preguntó el rey al duque. Pero el duque era demasiado orgulloso para decirle la verdad al rey, por lo que se negó a decir una palabra.

"No importa," dijo el rey "Eres un sinvergüenza, tal como lo pensé por primera vez, ¡así que te colgaré, tal como yo quería!"

"¡Pero, padre!" gritó la princesa. "¡Él es mi esposo!"

"No te preocupes, querida, te conseguiremos un mejor esposo," dijo el rey. "¡Guardias, llévenlo a la cresta y átenlo!"

Los guardias arrastraron al duque luchando desde la cabaña, y la princesa lo siguió, suplicando por su vida. Pero antes de que los guardias pudieran irse con él, la princesa cambió su tono.

"Los haré ricos a ambos," susurró. "Átenlo levemente. Después llévenme al anochecer."

A los guardias no les molestaba ser ricos. Cuando llegaron a la cresta, enrollaron la cuerda muchas veces alrededor del cofre del duque antes de izarlo desde una rama fuerte. Luego cabalgaron para alcanzar al rey y la princesa en su camino de regreso al palacio.

"Algún día me lo agradecerán," le dijo el rey a su hija.

Y así, el duque quedó colgado, sin gran dolor, pero tampoco con gran consuelo. Mientras esperaba durante el largo día la llegada de la noche y sus rescatadores, tuvo mucho tiempo para pensar en la princesa y su lealtad.

"Seguramente vale más de lo que cualquier haya ganado a través de la riqueza," reflexionó el duque. "¡De ahora en adelante, buscaré menos riqueza y mejores amigos!" Suspiró profundamente. "Aunque no estaría de más tener ambos."

Por fin se puso el sol y el duque se alegró de verlo desaparecer. Pero cuando el crepúsculo se hizo más profundo, escuchó un ruido a lo lejos. Se hizo más fuerte y más cercano, hasta que se convirtió en un gran grito y ruido.

Subiendo por la cresta llegó una caravana de siete carros, encadenados en una fila, y todos apilados con lo que parecían botas. Al principio, el duque pensó que los carros se movían solos. Pero a medida que se acercaban, vio que todos estaban tirados por un pequeño hombre feo, de no más de dos pies de altura.

"¿Qué pasa?" murmuró el duque. "Mejor me hago el muerto, hasta que sepa lo que pasa."

Dejó sus párpados medio cerrado y, observó cómo se acercaban los carros, hasta que el carro principal se detuvo justo delante de él. El hombrecillo trepó encima.

"Entonces te ahorcaron, ¿verdad?" se burló el hombrecito con una voz que el duque conocía bien. "Te iba bien con tu 'Lauro, mi muchacho' esto, y tu 'Lauro, mi muchacho eso.' ¡He usado siete carretones de botas en todos tus grandes deseos!"

Entonces Lauro, porque no era otro, sacó el viejo trozo de papel de su bolsillo y lo agitó bajo la nariz del duque. "¿Por qué no lo tomas, maestro?"se burló. "¿Por qué no lees las palabras, maestro?"

Los ojos del duque se abrieron de golpe. "Muy bien, lo haré."

El hombrecillo se congeló de terror, y el duque le arrebató el papel de la mano. Lauro, los carros, las botas, todo desapareció de la vista en un instante.

"¡Lauro, mi muchacho!"

"¡No, no otra vez! maestro, ¿qué desea?

"Bájame de aquí y tráeme a la princesa. ¡Luego pon todo lo que deseaba en su lugar: el palacio, los sirvientes, ¡todo!"

Un golpe, un zumbido y un silbido.

A la mañana siguiente, el rey se levantó como de costumbre, se acercó a la ventana y miró hacia afuera.

"Oh, no," gimió. "¡Chambelán, ven aquí!"

Entró el chambelán.

"Dime, ¿qué ves?"

Los ojos del chambelán se hincharon. "¡El palacio, majestad!"

El rey suspiró. "Es lo que pensaba."

Entonces el rey y los dos guardias fueron de nuevo y encontraron al duque y a la princesa en los escalones del palacio.

La princesa dijo: "Saludos, padre," y el duque dijo: "¡Bienvenido, su majestad!"

"Ahora, dime algo," dijo el rey al duque. "¿No te ahorqué ayer?"

"¿Ahorcado, majestad? ¡Qué extraña idea! ¿Por qué me desearías tanto mal?"

"Bien... " dijo el rey con incertidumbre. Miró a los guardias, pero mantuvieron sus ojos en el suelo. "No estoy completamente seguro. ¿Pero no vine aquí ayer y encontré una choza en lugar de un palacio?"

"¡Su majestad, tienes ideas tan locas! ¡Debes haber estado soñando, ya que ciertamente ves el palacio ahora!"

"Sí, ciertamente lo hago" reflexionó el rey "¡Bien entonces! ¡No se diga nada más al respecto!"

Así que el duque y la princesa vivieron felices, al igual que Lauro, porque el duque se acordó de él y casi nunca lo llamó después de eso. Y cuando el duque mismo se convirtió en rey, volvió a colocar el papel en sus muchos cofres y lo enterró en un lugar secreto, para que Lauro nunca más fuera molestado.

Sin embargo, hay algunos que buscan ese pedazo de papel hasta el día de hoy.

Story 6: Una Lista De Mentiras (A List Of Lies)

Alemania, en la Segunda Guerra Mundial...

—¡Ríndete ya! —gritó una voz en alemán. Estaba afuera. El motor del yip hacía mucho ruido, pero él gritaba más fuerte—. ¡Sal o abriremos fuego!

Lily no miró por la ventana rota. Estaba dentro de un edificio viejo. El edificio estaba rodeado de soldados nazi.si no se rendía, le dispararían. ¡Seguirían disparando hasta tirar abajo el edificio!

—¡Está bien! —gritó—. Estaba escondida en un rincón de una habitación oscura. A su lado tenía un bolso marrón. Dentro del bolso había un secreto, y su trabajo era mantenerlo a salvo—. ¡Voy a salir! ¡Voy a salir por la puerta principal!

Esperó y escuchó.

—¡Levanta las manos! ¡Pon las manos en el aire o te dispararemos! —dijo el soldado—. ¡Si tienes algo en las manos, te dispararemos!

«Quieren dispararme de veras», pensó Lily y revisó su pistola. «Yo también quiero dispararles a varios nazis. Mataron a mi compañero...»

No había tiempo de pensar en el pasado. Lily no tenía tiempo para emociones en este momento.

Era una profesional. Tenía un trabajo que hacer.

Rendirse no era parte de su plan.

Se ató el cabello rojo en una coleta.Cruzó la habitación arrastrándose sobre las manos y las rodillas. Se movió hacia el final del pasillo. Fue hacia la puerta trasera.

—¡Sal! ¡Tienes cinco segundos!

«Si salgo, me matarás», pensó.De repente, giró hacia la izquierda y se alejó de la puerta trasera. Frente a ella había una pequeña puerta de madera. Llevaba hasta el sótano.

La abrió y bajó corriendo las escaleras. «Saben que existe este sótano, ¡pero no saben que termina en un túnel!»

Por encima de su cabeza, podía oír el sonido potente de los disparos... estaban disparando al edificio con ametralladoras.Iban a destruir el edificio.

Lily sabía que los soldados tenían órdenes de no matarla, pero estaban tratando de matarla.Sabían que era peligrosa.

«Alguien les dijo quién soy.Tenía una identidad secreta, pero eso ya no existe.

Ahora todos los nazis de Alemania me quieren muerta... excepto los que mandan. Los jefes me quieren viva. Quieren hacerme preguntas...»

El sótano olía mal. No estaba muy iluminado; solamente tenía una bombilla vieja. Frente a la bombilla había una alfombra vieja.Colgaba desde el techo.Lily tiró de la alfombra. Detrás de la alfombra, había un hoyo grande.

¡El túnel!

Iba a escapar a través del túnel... ¿pero qué había del otro lado? No lo sabía. ¿Tal vez la esperaba alguien?

El fuego paró. También paró el sonido del yip. El líder de los soldados alemanes estaba gritando.Hablaba alemán.Lily sabía alemán y entendía lo que estaba diciendo.

—¡Entrad! ¡No salgáis hasta que la encuentren! ¡Buscad también en el sótano!

«Tengo que irme», decidió Lily.Quitó la bombilla.El sótano y el túnel estaban completamente oscuros. No le importaba. Lily Z. Bernhart era la espía más grande de los Estados Unidos.Había terminado treinta y ocho misiones.siempre había tenido éxito en sus misiones.

Y no le tenía miedo a la oscuridad.

* * *

Tres horas más tarde...

Lily estaba en un café en Berlín. Estaba fumando un cigarro. Observó a un mozo flaco que pasó junto a ella. La estaba ignorando. ¿Por qué la ignoraba? Tenía cabello rojizo y su cara era la de una extranjera.

Tal vez no le gustaban los extranjeros.

—¡Disculpe! —dijo en alemán—. ¿No me ve?

La mayoría de los días, a Lily no le gustaba llamar la atención. Era una espía profesional.Lily no se ponía ropa elegante. No manejaba coches veloces.

Era muy saludable, pero no tenía apariencia de modelo.

A veces, alguna persona le preguntaba su nombre. Nunca decía: «Bernhart. Lily Bernhart».

El gobierno le había dado una docena de nombres falsos. No tenía motivo para usar su nombre verdadero.

Normalmente, actuaba con timidez.Pero quería que le sirvan.Tenía sed y necesitaba una bebida.

—¡Disculpe! —repitió.

—¿Sí? ¿Qué desea? —preguntó el camarero. No había muchos clientes. El café no estaba ocupado.

—Tráigame un café y un pastel de manzana.

Se dio la vuelta y fue detrás del mostrador. Sirvió el café. Puso el pastel sobre un plato. Luego Lily lo vio entrar otra vez a la cocina.

«¿Por qué está yendo a la cocina? ¡Todo lo que necesito está aquí, en el mostrador!»

Sabía por qué se había ido. Quería usar el teléfono. Iba a llamar a los soldados. Iba a decir: «¡la señora de cabello rojizo está aquí!»

Lily trató de no pensar. «¡Qué tonta soy!», se dijo a sí misma.

Luego lo vio. La estaba mirando desde la ventana de la cocina.

«Parece que tiene la nariz quebrada», pensó.

El mozo flaco le trajo su café y un pastel. Los puso sobre la mesa.

Ella se dio cuenta de que estaba sudando.

Hacía frío.¿Por qué estaba sudando?¿Estaba nervioso? El camarero se limpió el sudor con la manga de la camisa.

—¿Desea algo más?

—No —dijo, tomando su café. El café estaba frío.

—¿Es turista? Su alemán es muy bueno— dijo.Trató de sonreír, pero era una sonrisa falsa.

Lily negó con la cabeza y observó la nariz quebrada.

—Vivo aquí. He vivido aquí muchos años.

El camarero observaba su bolso.

«Algo no está bien», pensó Lily.«Primero me ignoró.Ahora, me está prestando demasiada atención».

—Por favor, hágame saber si necesita algo más, ¿señorita...?

—Bolan. Nellie Bolan.

El camarero se fue.

«Me estoy poniendo paranoica», pensó. Encendió un cigarro.

Fumar no era un buen hábito, pero su trabajo era peligroso. Había demasiadas cosas para preocuparse. Fumar era malo, pero había cosas peores como otros espías, los soldados nazi y la gente que ayudaba a los nazis...

Lily casi terminaba su pastel. Escuchó un sonido conocido: el sonido del motor de un yip.

¡Los soldados estaban aquí!

Se paró con rapidez. El camarero estaba delante de la puerta de la cocina.Lily cogió su bolso marrón y el tenedor. Empujó la mesa. Corrió hacia el camarero. Sostenía el tenedor delante de ella.

El camarero flaco saltó para moverse de su camino.Lily corrió a través de la cocina. Se escapó por la puerta trasera del café.

Desapareció en la noche, pero sabía que los soldados la seguirían.

—¿Por qué ha venido? —preguntó el anciano menudo. No estaba contento; no le gustaba recibir visitantes a esa hora de la noche. Y no le gustaban los nazis —.¿Le están siguiendo?

Lily sujetó su bolso marrón.

—Necesito un lugar para esconderme.

—¿Los nazis le están siguiendo? —preguntó otra vez

—No —mintió.

El anciano señaló el bolso.

—¿Qué hay en el bolso?

—Déjeme entrar y se lo diré.

—No.

El hombre menudo cerró la puerta.Lily volvió a golpear, sin hacer ruido. No quería que los vecinos oyeran.

—¡Váyase! —dijo el hombre. Estaba detrás de la puerta—. ¡Váyase! ¡Llévese sus secretos consigo!

Lily miró hacia atrás.Los soldados estaban cerca. La estaban buscando. Necesitaba esconderse... ¡rápido! Tenía que salir de la calle.

—¡David! David, si no me deja entrar, me atraparán —dijo. Puso la cara más cerca de la puerta—. Si me atrapan, me harán preguntas.Querrán saber quien me ayudó.

—¡No le estoy ayudando!

—Pero yo les diré que lo hizo.

No le gustaba asustar a la gente, pero su misión era importante. No podía dejar que los nazis la atraparan. No podía dejar que cogieran su bolso....

La puerta se abrió. El hombre menudo tenía una pistola.

—Podría matarla —dijo—. Pase. ¡Ahora!

* * *

—Necesito usar el baño —dijo Lily.

—Mala suerte —David le apuntó a la cabeza con el arma—. Deme el bolso.

—Vine aquí a esconderme. No vine a darle mis secretos.

—Si le disparo, puedo coger el bolso —dijo.

—No disparará. Me ayudará.Necesito ir a la embajada de los Estados Unidos.

—Siéntese.

Lily se sentó junto a una mesa pequeña de madera. El anciano se sentó a su lado.Olía muy mal.Tal vez no tenía agua en su casa.

Todavía sostenía el arma. Oyeron un yip afuera. No, ¡muchos yips!

—Ya vienen... —dijo Lily—. Tiene que confiar en mí.

—¿Y por qué debería confiar en usted? ¡Les dirá que le ayudé!

Lily sacó sus cigarros.Le ofreció uno al anciano.Él alargó la mano para alcanzarlo.

Lily cogió su pistola.Era rápida.

Con la otra mano le cogió la muñeca. El anciano dejó caer el arma sobre la mesa.

—Me llevaré esto —dijo, y recogió el arma. La miró. Era muy vieja—.¿Esta pistola funciona?

—No —dijo.

Lily abrió su bolso y dejó caer la pistola adentro.David no se movió.Se sentó y la miró.

—Podría correr hacia afuera —dijo—. Podría decir que usted entró en mi casa por la fuerza.

—Podría intentarlo —dijo Lily. Sacó su pistola—.Pero fallaría.Mi pistola funciona bien.

—Si disparase, los soldados le oirían...

—¡Basta! —gritó Lily. Golpeó la mesa con la mano—. Me ayudará. ¡Ahora! ¿Dónde está su teléfono?

—No tengo teléfono.

Lily se puso de pie. No le creía. Miró a su alrededor en la pequeña casa de un dormitorio.

—Está mintiendo.

—¿Usted cree? ¿Ve un teléfono?

Lily entró en el dormitorio. Había un teléfono junto a la cama.

—Sí, veo uno. ¡Levántese! Le diré a qué número debe llamar.

* * *

Unos minutos más tarde, Lily colgó el teléfono.

—Mis amigos están viniendo. Alguien llegará muy pronto.Ya no le molestaré.

—¿Está loca? —preguntó David. Tenía los ojos muy grandes.Estaba asustado—.¿Por qué les dio mi dirección? Los soldados verán que hay extranjeros viniendo a mi casa. Ha puesto mi vida en peligro.

—David, esto es una guerra. Todos estamos en peligro.

—¡Pero no soy un soldado! —dijo—. ¡Soy un anciano!

Lily se quitó el pelo rojizo de la cara. Estaba cansada.

—David, ¿recuerda el día en que nos conocimos?

El anciano asintió con la cabeza.

—Usted ayudó a mi sobrina. Un soldado la estaba molestando.

—Casi me arrestaron, pero la ayudé —dijo Lily. Guardó la pistola—. La traje hasta aquí, ¿recuerda? La traje hasta su casa, la dejé segura.

—Sí. La policía también vino. Le siguieron hasta mi casa.

—¿Qué hicieron? —caminó hacia la sala de estar, y David la siguió.

—Hicieron preguntas. Me preguntaron acerca de usted.

—¿Qué dijo?

—Dije que no le conocía. Era la verdad —dijo.

—¿Y ellos qué dijeron?

El anciano hizo una pausa.Tenía lágrimas en los ojos.Estaba muy asustado y triste.

—Dijeron que era una espía. Me pidieron que los llamara... si regresaba.

Lily lo miró con atención. Vio que tenía unos ojos verdes hermosos.

—¿Los llamará? —preguntó. Ella también parecía triste.

—Ayudar a una espía de los Estados Unidos... o ayudar a los nazis —dijo—. ¡No quiero ayudar a ninguno de vosotros! ¡Por favor dejadme solo!

Lily oyó una motocicleta afuera.

«Me han venido a buscar», pensó. «Bien.Estoy lista para irme».

Abrió la puerta y miró hacia afuera. El conductor de la motocicleta la saludó con la mano.

—Me han venido a buscar —dijo. Lily puso su pistola dentro del bolso. También se quedó con la pistola rota.

Sacó algo de dinero de su bolso y lo tiró en el piso.

—Soy como usted, David. No quiero vivir en un mundo lleno de espías y nazis. Si les ganamos a los nazis, tal vez no necesitemos espías.

Lily corrió.Se subió la motocicleta. Se fueron con rapidez.

Miró por encima de su hombro.Sabía que no había dicho la verdad.

El mundo siempre tendría espías...

—Ha fallado en su misión —dijo el agente. No le dijo a Lily su nombre.

Estaban sentados en una oficina pequeña. La oficina estaba dentro de un almacén vacío.

El agente sin nombre vestía camisa blanca y una chaqueta azul grande. Se ajustó la corbata roja.Estaba enfermo y tosía mucho.

—Tal vez deberíamos entregarla a los alemanes.

—Hice mi trabajo. Conseguí lo que me pidieron que encuentre —respondió Lily—.Conseguí la carpeta.

Señaló la carpeta con el dedo. La carpeta había estado en su bolso. Ahora estaba sobre el escritorio delante de ella. Iba a decir algo más, pero el agente alzó la mano. No la dejó hablar.

—Sí —dijo con el ceño fruncido—. La consiguió. Bien hecho.

—Entonces, ¿por qué está enojado?

—Porque —dijo el agente— dentro de la carpeta había información. Información muy importante.

—¿La información estaba allí?

—La mitad. Solo la mitad.

La cara de Lily se puso pálida.

—¿Qué? ¿Dice que falta la mitad?

—Exacto. ¿Dónde está la otra mitad?

Lily se encogió de hombros.

—No sé. Robé la oficina que vosotros me indicasteis. Cogí la carpeta...

—¿Abrió esta carpeta?

—Por supuesto que no —dijo ella—. Ese no es mi trabajo.

—¿Pero sabe lo que hay adentro?

Lily se quitó los zapatos.Eran incómodos y le dolían los pies. Sacó un cigarro.

El agente sin nombre le quitó el cigarro.

—Le hice una pregunta, Señorita Livesay...

—¿Usted es idiota? ¡Por supuesto que sé lo que hay dentro de la carpeta! —Sacó otro cigarrillo y lo encendió—. Me ordenaron que encuentre esa carpeta.Aquí está. Y dentro...

—Dentro hay una lista de nombres. Ciudadanos de los Estados Unidos que trabajan para los nazis.

—Entonces mi trabajo está hecho —dijo Lily.

—Nuestro hombre nos dijo que la lista era más grande. Dijo que había 300 nombres. —El agente de la chaqueta azul abrió la carpeta. Sacó algunos papeles—.Los conté. Solamente hay ciento cuarenta y nueve nombres.

«Está mintiendo», pensó Lily.«En esa lista había ciento cincuenta nombres».

—¿Qué más quiere? —preguntó—. ¡Me perseguían los nazis! ¡Casi me disparan por esa lista!

El agente tosió.Caminó hacia atrás. No encendió el cigarro.

—Usted tiene un trabajo peligroso. Ha tenido éxito... en el pasado. Pero debo reportar este fracaso. Se lo debo decir a su jefe.Él puede decidir qué hacer.

«Mi jefa es una mujer», pensó Lily. «¡Otra vez me está mintiendo!»

Miró a su alrededor en la oficina.

—¿Dónde está mi jefe?

—Vendrá más tarde. Usted debe esperarlo aquí.

—Usted dijo que mi misión no había terminado. Falta la mitad de la lista —dijo—.Saldré a buscarla otra vez.

—No. No se puede ir. Ya saben quién es usted —dijo, y abrió una ventana. Sacó la cabeza por un momento.

—¿Está buscando algo? —preguntó Lily.

El agente cerró la ventana.

—Necesitaba un poco de aire fresco.

Esperó a que Lily terminara de fumar.

—Saben quién es usted —repitió—. Así que no puede volver a salir.

—Tengo una pregunta para usted —dijo ella—. La lista de nombres. ¿Son empleados del gobierno de los Estados Unidos?

El agente sin nombre estornudó. Sacó un pañuelo. Se limpió la nariz.

—Sí.

—¿Esa gente trabaja para los nazis?

—Correcto. Volvió a poner los papeles en la carpeta.

—Encontraremos a la gente de la lista. Lily se inclinó sobre el escritorio.Tocó la carpeta, pero el agente se la quitó.

—Sí, los encontraremos a todos.

—¿Qué les pasará?

—Usted sabe lo que les pasará —dijo—. Habrá una investigación.Si realmente espían para los alemanes, lo sabremos. Sabemos qué hacer con la gente que traiciona a los Estados Unidos.

—¿Los matarán? —preguntó Lily—. Lentamente, movió su bolso. Lo acercó a sí misma.

—Sí. Si son ciudadanos de los Estados Unidos trabajando para los nazis... deben morir.

«Estoy de acuerdo», pensó Lily. No le había dicho al agente toda la verdad.

Había abierto la carpeta.

Sabía dónde estaba la otra parte de la información porque... ella la tenía. Tenía la otra mitad de la lista.

Pero Lily siempre era paranoica. No confiaba en nadie. Por eso todavía no se lo había dicho.

Cuando el agente miró hacia un lado, Lily sacó la pistola de su bolso. El agente se volvió hacia ella. Lily le apuntó la pistola al estómago.

—¿Qué cree que está haciendo? —preguntó el agente.

—¿Sabe contar? —le preguntó—. ¿Sabe contar hasta ciento cincuenta?

El agente cerró los ojos.

—Usted está cometiendo un gran error —dijo.

—Vio su propio nombre en la lista, ¿no?

—Señorita Livesay, deje esa pistola. Trabajo para su jefe.

—¿Cómo se llama? —preguntó Lily.

—No importa —dijo—. De todos modos usted no sabe el verdadero nombre de ese hombre.

—Mi jefe es una mujer —dijo, sonriendo—. Y usted tampoco sabe mi verdadero nombre.

El agente abrió los ojos. Lily pensó que parecía asustado, pero no estaba segura...

—Tome —dijo. Puso la pistola sobre el escritorio—.Confío en usted.Puede tener mi pistola.

El agente la miró a la cara, después observó la pistola. Alargó la mano con rapidez. Recogió la pistola de la mesa. Podían oír yips que se acercaban afuera...

—¿Dónde consiguió esta pistola vieja? —preguntó, riéndose. Luego le apuntó a Lily con la pistola—. Pensaba que usaría una pistola de mejor calidad.Bueno, pues no importa.Usted tenía razón.Sí, mi nombre estaba en la lista, pero nunca se lo podrá decir a nadie.

Presionó el gatillo, pero la pistola no disparó.

Lily sacó su propia pistola.

—Usted también tiene razón —dijo—. Mi pistola es de mejor calidad.

Lily le disparó tres veces.El agente cayó al suelo.Lily tomó la carpeta y la puso en su bolso, luego salió corriendo.El conductor de la motocicleta la esperaba. Estaba observando los yips.

—¡Mira, vienen los nazis! —gritó—. ¿Terminaste lo que tenías que hacer?

—Sí —contestó Lily—. Cumplí con mi misión. ¡Salgamos de aquí

Story 7: La Ladrona de Cabello

In Guatemala, an old servant has to choose amid hard moral choices.

Era una tarde fría y húmeda en Antigua. El sirviente de un general estaba bajo la gran puerta de Santa Catalina. Estaba lloviendo mucho y el sirviente estaba esperando que la lluvia parara.

Nadie más se paró debajo de la amplia puerta. Una vez había sido de color amarillo brillante, pero ahora el color se estaba desvaneciendo. Grandes partes de la pintura se desprendían. En algunas partes de la puerta se podían encontrar insectos. La Puerta de Santa Catalina estaba en una calle grande, por lo que generalmente había otras personas allí, esperando que la lluvia parara. Pero nadie más se paró debajo de la amplia puerta esta vez.

La ciudad de Antigua, donde se encontraba la puerta, había

sufrido muchos problemas en los últimos años. La tierra temblaba, los vientos atacaban a la ciudad y hubo grandes incendios. Los que sobrevivieron a los desastres tuvieron que convertirse en criminales. La gente entraba en las iglesias y robaba estatuas de santos. Las rompían en pedazos, para poder usarlas para encender fuegos. Entonces, con todos estos problemas, no fue sorprendente que la Puerta de Santa Catalina se estuviera desmoronando.

Algunos animales, como los zorros, habían hecho sus hogares en las ruinas de la puerta, y muchos ladrones también encontraron su hogar allí. Por la noche, la puerta era tan espeluznante que nadie quería entrar en ella.

Como dije antes, había un hombre parado debajo de la puerta, esperando que la lluvia parara. Te dije que era el sirviente de un general, pero esto era una mentira. En realidad, acababa de perder su trabajo. Normalmente, habría ido a la casa del general para esperar a que la lluvia cesara. Pero debido a que había perdido su trabajo, no podía hacer esto. Había trabajado para el general durante muchos años, pero debido a los problemas en Antigua, muchas personas habían perdido sus empleos. Entonces el hombre se paró debajo de la puerta y pensó en qué hacer.

Tenía dos opciones.

Primero, podría seguir siendo honesto. Esto significaría que ciertamente moriría de hambre. Moriría porque no tenía comida. Muchas personas estaban muriendo de hambre en ese momento en Antigua.

La segunda opción era convertirse en ladrón. No quería hacer esto, porque el general le había enseñado a ser un hombre honesto. Seguía pensando en su problema, pero su mente tomaba la misma decisión cada vez. Tendría que convertirse en ladrón. Aun así, tenía miedo. No quería ser un ladrón.

El hombre estornudó muchas veces. "¡Achu, achu, achu!" El clima frío lo hizo sentir enfermo. Deseó poder sentarse junto al fuego y calentarse. Incluso los insectos que estaban sentados en la puerta se habían ido ahora, porque hacía mucho frío.

Levantó la vista hacia lo alto de la puerta. Había escaleras al costado de la puerta que conducían a una pequeña casa abandonada. Ahí estaba todo muy oscuro y algún ladrón podría estar durmiendo adentro. Sería muy espeluznante, pero no tenía otra opción. Necesitaba escapar del frío. Entonces tendría que pasar la noche allí. Puso su mano sobre su cinturón y comenzó a subir las escaleras.

Unos segundos después, vio que algo se movía en la habitación de arriba. Contuvo el aliento y miró. Alguien había encendido una luz allí, y se estaban moviendo por la habitación. La luz era amarilla e hizo que la habitación pareciera aún más espeluznante. Trató de mantenerse lo más callado que pudo y subió el resto de las escaleras.

En la parte superior, pudo ver a varios vagabundos tirados en el suelo. La luz era débil y estaba demasiado oscura para ver cuántos había. Algunos estaban desnudos y otros todavía tenían su ropa. El olor del lugar era tan fuerte que tuvo que taparse la nariz con la mano.

Frente a uno de los vagabundos que dormían había una anciana. Tenía el pelo gris y sostenía una antorcha, de donde venía la luz. Estaba mirando directamente a la cara de una mujer con el pelo largo y negro. Mientras observaba, la anciana agarraba los pelos negros y los cortaba uno a uno, teniendo cuidado de no despertar a la vagabunda.

Al principio, el hombre tenía miedo. Pero su miedo se convirtió rápidamente en odio. Esta mujer era seguramente malvada. Su odio ardía como la antorcha de la anciana.

¿Por qué estaba quitándole el pelo a los vagabundos? Era difícil saber si ella era realmente malvada, porque él no sabía por qué lo hacía. Pero robarles el pelo a los vagabundos a lado de la Puerta de Santa Catalina, en medio de una noche lluviosa, era un delito grave para él. Rápidamente olvidó que había pensado en convertirse en ladrón.

Dio un paso adelante, con su mano sobre su navaja. La anciana se volvió y saltó. Estaba temblando de miedo. Esperó un momento y luego saltó hacia las escaleras.

"¡Monstruo! ¿A dónde vas?" gritó el hombre. Se paró frente a ella para que no pudiera bajar las escaleras. Ella trató de alejarlo, y comenzaron a pelear. Cayeron al suelo. Él la agarró del brazo y la rodeó con la espalda, para que no pudiera moverse. Sus brazos no eran más que piel y huesos. Ella guardó silencio.

Sacó su navaja y la sostuvo frente a ella. Ella seguía en silencio. Ella se sacudió y sus ojos estaban muy abiertos. Su aliento era lento y pesado. Su vida estaba en sus manos.

"Mira" dijo. "No soy un oficial de policía. Soy un extraño que pasaba por esta puerta. No voy a arrestarte ni lastimarte, pero debes decirme qué estás haciendo aquí."

La anciana lo miró con ojos agudos.

"Saco el cabello para hacer pelucas."

El mal en ella desapareció. De repente, ella era una anciana, temblando de miedo. Era solo una anciana que le robaba el pelo a los vagabundos para hacer pelucas. Probablemente sólo había ganado una pequeña cantidad de dinero con ellas. Pero aún sentía odio por ella. La anciana vio esto y habló.

"Hacer pelucas de cabello de los vagabundos puede parecer un gran mal para ti. Pero las personas que han sido abandonadas aquí no son buenas personas. Esta mujer, con el pelo negro, solía engañar a la gente. Tomó serpientes, las cortó y las vendió como pescado seco. Los guardias de la ciudad le compraron carne de serpiente y pensaba que era un pescado delicioso."

"Si no hubiera terminado en la calle, todavía estaría vendiendo su carne de serpiente como pescado. Aun así, lo que hizo no estuvo mal. Si no lo hubiera hecho, se hubiera muerto de hambre. Entonces no puede estar equivocado. Ella no tenía otra opción. Probablemente ella pensaría lo mismo sobre mí tomando su cabello."

El hombre guardó su navaja y la escuchó. Sintió coraje, de repente. Cuando agarró a la mujer, había sentido odio. Ahora sentía coraje. Dejó de preguntarse si debía morir de hambre o convertirse en ladrón. La idea del hambre era ahora increíble.

"¿Estás segura?" dijo "¿Estás segura de que la mujer de cabello negro pensaría que lo que haces es correcto, porque lo necesitas para vivir?"

"Si, absolutamente."

"Entonces es correcto si te robo. Si no te robo, moriré de hambre."

Entonces, el hombre le quitó el abrigo que traía y la empujó. Bajó corriendo las escaleras con el abrigo bajo del brazo y desapareció en la noche.

La anciana lloró y lentamente se levantó. Cogió la antorcha y fue a mirar por las escaleras. Más allá de la luz de la antorcha, solo había oscuridad y más vagabundos.

Story 8: El estudiante y el maestro

A young student will do anything it takes to become the best archer in Spain.

Enrique permaneció en la hierba. Ante él, su padre, el cazador, se movía en silencio. Sostenía un arco y una flecha. Entonces, su padre lo vio. Delante de él había un conejo. Estaba bebiendo agua. El padre de Enrique puso una flecha en el arco. Enrique respiró hondo. Intentó no moverse, pero fue difícil. Se movió y la hierba hizo un sonido. El conejo se volvió y vio al cazador. Se escapó. El padre de Enrique disparó la flecha, pero no dio con el conejo.

El cazador se dio la vuelta. Se veía muy enojado. "¡Enrique! Sé que estás ahí. ¡Sal!"

Enrique salió. Se sentía mal. Su padre lo golpearía por lo que hizo. Pero en cambio, el hombre parecía feliz.

"¿Quieres ser un cazador ¿no?" preguntó su padre.

"Sí."

"Es una vergüenza. Es una forma difícil de ganar dinero." Miró dónde había estado el conejo: "No tendremos nada para comer esta noche."

"¡Lo siento, padre! Pero me convertiré en un cazador. Y atraparé conejos todas las noches."

"No lo lamentes. Pero prométeme que no te convertirás en un cazador. Deberías ser un constructor. Siempre habrá trabajo si lo haces."

"Lo prometo, padre."

Pero Enrique era malo para cumplir las promesas. A medida que crecía, intentó todo: construir, hacer cuchillos, incluso enviar mensajes. Se hizo fuerte y rápido. Por la noche, iba al bosque y practicaba moverse en silencio.

Enrique entendió que no quería ser un cazador. Realmente, él quería ser un arquero. Le encantaba el sonido de disparar flechas. Observaba a su padre hacerlo todo el tiempo. Nunca podría usar el arco él mismo, por supuesto. Varias veces, Enrique encontraba algo de madera e hizo su propio arco, pero cada vez que su padre encontraba el arco, lo rompía.

Cuando se hizo adulto, Enrique viajó a Madrid. Su padre tenía un amigo allí. El amigo pensaba que Enrique quería trabajar como constructor para él. Pero Enrique no fue a verle, y en su lugar fue al castillo real.

"Debo ver a David Pacheco" dijo Enrique al llegar.

David Pacheco era el maestro de tiro con arco para el rey y su familia. Era el arquero más famoso de toda España.

Enrique no pensaba encontrar al Señor Pacheco. Era demasiado importante. Pero David Pacheco quería saber quién era este extraño hombre.

"¿Qué deseas?"

"¡Por favor, quiero que seas mi maestro! Estudiaré día y noche, y haré todo lo que me digas."

David Pacheco lo miró con frialdad. "Conoces las leyes del país. Soy el maestro de los príncipes y reyes, y no puedo enseñar mi arte a nadie más. Si te enseño, podrías volverte tan fuerte como ellos. Eso no es bueno. Prométeme que no volverás a molestarme."

"Lo prometo."

Pero como sabemos, Enrique era malo en cumplir sus promesas. Pensó que el alto y poderoso David Pacheco era increíble. En su corazón, ya había decidido que él era su maestro. Recogió el barro sobre el que el señor Pacheco se había parado, y de el hizo una pequeña estatua.

"Serás mi maestro" decía.

Enrique entonces trabajó como constructor. Ahorró dinero y compró un arco y una flecha. Todas las tardes iba y se paraba junto a los muros del castillo. En el jardín del castillo, David Pacheco enseñaba tiro con arco a los príncipes. Enrique podía escuchar sus lecciones a través del muro. Lanzó flechas a un árbol y seguía cada consejo del maestro. Los consejos eran para los príncipes, así que le fue difícil. Durante el día, Enrique se volvía un mejor constructor, y por la noche, iba al bosque y cazaba animales pequeños. Todas las noches, antes de irse a dormir, veía la estatua de David Pacheco.

Enrique se hizo cada vez mejor en el tiro con arco. Cuando estaba en el bosque por la noche, podía escuchar a un animal moverse detrás de él y disparar una flecha a su corazón. La gente comenzó a hablar sobre el hombre extraño, que era tan bueno con el arco y la flecha. Aun así, no se hizo rico ni famoso, porque no tenía maestro.

Algunas personas dijeron que Enrique era incluso mejor que los príncipes y reyes en el tiro con arco. El Príncipe Ricardo escuchó esto y decidió ir a buscar al hombre. Había oído que practicaba en el bosque por la noche, así que fue a buscar a Enrique.

"Eres muy bueno en tiro con arco," le dijo.

Enrique vio que era el príncipe y saltó. "¡Su Majestad!"

El Príncipe Ricardo sonrió. "No te preocupes. No estoy aquí para lastimarte. Quiero ver cuánto has aprendido. Hagamos una competencia."

El Príncipe Ricardo estaba seguro de que era un mejor arquero. Su maestro era David Pacheco. Pero cuando comenzaron a disparar flechas, Enrique era mucho mejor. El príncipe se enojó y no pudo dar con muchos de los blancos. Enrique dio con todos fácilmente.

"¡¿Quién te enseñó?!" gritó el Príncipe Ricardo.

"Mi maestro es David Pacheco."

Esto hizo que el príncipe se enojara aún más. Llevó a Enrique al castillo y fue a la habitación de David Pacheco. El hombre estaba dormido, pero Ricardo lo despertó gritando: "¿Qué es esto? Este hombre me dice que eres su maestro. Le enseñaste a este hombre y ahora él es mejor que yo. ¡Rompiste la ley!"

El Señor Pacheco bostezó y miró a Enrique. "Conozco a este hombre. Llegó al castillo hace años y me pidió que fuera su maestro. Le dije que no."

"Maestro" dijo Enrique "Me paré junto a los muros del castillo todos los días y escuchaba tus palabras. Construí una estatua del barro sobre la que caminabas, y la admiraba todas las noches. Eres mi maestro, aunque no lo sabías. Por favor, no te enfades."

El Príncipe Ricardo estaba rojo de la ira. David Pacheco miró a Enrique durante mucho tiempo y dijo: "Bueno, un estudiante debe pagarle a su maestro. Es la ley española. Has tomado mis palabras, pero no me has pagado."

"Por supuesto. ¡Haré lo que sea!"

David Pacheco se echó a reír. "Corta tu dedo de tu mano derecha."

Sin su dedo, Enrique no podría disparar flechas. El príncipe estaba muy feliz por esto.

Sin esperar, Enrique dijo: "Por supuesto. ¿Tienes un cuchillo?"

Se cortó el dedo allí mismo, en la habitación de su maestro. Luego agradeció al maestro y al príncipe y se fue.

Sin tiro con arco y sin su dedo, Enrique no podría vivir en Madrid. Entonces regresó a su pueblo natal. La gente de allí había escuchado historias sobre él. No podían creer que se cortara su propio dedo.

"¿Por qué lo hiciste?" preguntaban

"Porque mi maestro me lo dijo," respondía.

Enrique se sentó en la calle y la gente le daba dinero. Habló con la gente sobre su historia. Pensaron que era interesante y triste. La gente venía a visitarlo y a escuchar su historia.

"Eres el mejor estudiante que existe," le dijo un hombre. "Muéstranos cómo ser buenos estudiantes."

La gente del pueblo olvidó que Enrique había sido un arquero. En cambio, lo recordaron por ser un buen estudiante. No podía ser un cazador o un arquero, pero no se preocupaba. Viajó por toda España y les enseñó a los estudiantes de todas las ciudades que debían escuchar a sus maestros.

Story 9: El chico que no tenía miedo

A boy that feels no fear, leaves home to learn how to be afraid.

Había una vez un padre con dos hijos. El hijo mayor, Hugo, era inteligente y sensato, y podía hacer todo. El hijo menor, Andrés, era más tonto y no entendía mucho. Cada vez que el padre necesitaba ayuda, siempre era el hijo mayor quien le ayudaba.

Pero cuando el padre le pedía a Hugo que fuera a algún lugar a altas horas de la noche, él tenía miedo y decía: "¡Oh no, padre, no puedo salir en la noche! Me da mucho miedo." Y cuando su padre contaba historias de miedo junto al fuego, Hugo solía decir:" ¡Oh, que miedo!"

Andrés se sentaba y escuchaba, pero no entendía nada. Andrés decía "Siempre dicen: ¡Qué miedo, qué miedo! Pero a mí no me da miedo. Esa es otra cosa que no entiendo."

Un día, su padre le dijo a Andrés: "Escúchame. Estás creciendo alto y fuerte. Debes aprender algo para ganarte la vida. Mira cómo trabaja tu hermano, mientras tú te sientas y no haces nada."

"En realidad, padre" dijo, "hay algo que quiero aprender. Quiero aprender a tener miedo. Simplemente no lo entiendo."

Hugo sonrió y dijo: "¡Dios, qué hermano tan tonto tengo! Nunca harás nada bueno."

El padre suspiró y dijo: "Se puede aprender fácilmente a tener miedo, pero no te ganarás la vida así."

Unos días después, un sacerdote vino a visitar la casa y al padre. El padre le contó sobre el problema con Andrés. "Cuando le pregunté cómo quería ganarse la vida, ¡dijo que quería aprender a tener miedo!"

"Sí eso es todo" dijo el sacerdote "puede aprenderlo de mí. Déjalo vivir conmigo, y yo le enseñaré."

Entonces Andrés se mudó a la casa del sacerdote. El sacerdote le enseñó a tocar la campana en la torre, y todos los días hacía eso. Después de unos días, el sacerdote se despertó en la noche y le dijo a Andrés que fuera a tocar la campana. "Pronto aprenderás a tener miedo..." pensó, y secretamente subió al campanario antes de Andrés.

El niño estaba a punto de tocar la campana cuando se dio la vuelta y vio a un hombre vestido de blanco, de pie en la parte superior de las escaleras.

"¿Quién está ahí?" preguntó.

Pero el hombre de blanco no respondió. Parecía un fantasma.

"Contéstame" dijo Andrés "o vete. No tienes nada que hacer aquí."

El sacerdote se quedó quieto, para que el niño pensara que era un fantasma.

"¿Qué quieres aquí?" gritó Andrés. "¡Di algo o te arrojaré por las escaleras!"

El sacerdote pensó: "Realmente no quiere decir eso," y se quedó parado allí.

El niño habló por tercera vez, y el fantasma no se movió, así que corrió y lo empujó escaleras abajo. El fantasma cayó al suelo diez escalones, gritando de dolor. Entonces Andrés tocó la campana y se fue a la cama.

La esposa del sacerdote esperó a su esposo durante mucho tiempo. Finalmente, ella despertó a Andrés y le preguntó: '¿Sabes dónde está mi esposo? Subió la torre antes que tú."

"No, no lo sé", dijo el niño, "pero alguien estaba parado allí de blanco. No me respondió ni se fue, así que pensé que era un hombre malo y lo tiré por las escaleras."

La mujer salió corriendo y encontró a su esposo. Él estaba todavía tirado en el suelo lamentándose ya que se había lastimado por la caída.

Al día siguiente, la esposa del sacerdote fue al padre de Andrés y le gritó: "¡Tu hijo nos ha dado grandes problemas! Tiró a mi esposo por las escaleras y se ha lastimado. No queremos a tu hijo más."

El padre fue a por Andrés y le dijo enojado: "¡¿Qué hiciste, muchacho tonto?!"

"Padre", dijo Andrés, "no hice nada malo. Ese hombre estaba parado allí de una manera extraña. Claramente quería hacer algo malo. Le pregunté tres veces quién era, y no respondió."

El padre respondió "'¡No tengo nada que decirte! Sal de casa. Ya no te tendré conmigo."

"Por supuesto, padre" dijo Andrés. "Saldré y aprenderé a tener miedo."

El padre no odiaba a su hijo, así que le dio algo de dinero y le dijo: "Simplemente, no le digas a nadie quién es tu padre."

"Por supuesto, padre."

Durante un tiempo, Andrés viajó y dijo siempre: "¡Ojalá pudiera tener miedo!"

Otro viajero lo escuchó y le preguntó: "¿Quién eres?"

"No sé," respondió Andrés.

"¿De dónde eres?"

"No lo sé."

"Quien es tu padre."

"No puedo decírtelo."

"¿Y qué es lo que dijiste justo ahora?"

"Dije: '¡Si tan solo pudiera tener miedo!' ¡quiero aprender a tener miedo."

"Te enseñaré fácilmente. Hay un castillo a pocos kilómetros de aquí. Ninguna persona vive allí. Solo fantasmas y monstruos viven en él. Si te quedas en el castillo por tres noches, ciertamente aprenderás a estremecerte. El Rey ha dicho que, si alguien se queda en el castillo por tres noches, puede casarse con su hija. Ella es la mujer más bella que haya existido. También hay grandes tesoros en el castillo, pero los monstruos los guardan. Si tienes éxito, te volverás rico y tendrás una bella esposa. Y, por supuesto, aprenderías a tener miedo."

"¡Qué maravilloso!" dijo Andrés.

"Muchos hombres han entrado en el castillo, pero ninguno se ha salido."

"¡Ajá!" pensó Andrés "Tal vez es un castillo muy cómodo, y no querían irse."

Entonces fue y le preguntó al Rey si podía entrar al castillo, y el Rey dijo: "Sí, y puedes traer tres cosas contigo."

"Me gustaría un fuego, un torno y un cuchillo".

"Un torno? ¿Estás seguro?" preguntó el rey. '¿No quieres algo más útil? ¿Tal vez un hacha? ¿Qué puede hacer un torno?"

"¡Un torno puede hacer muchas cosas!" dijo Andrés "Puedes hacer cualquier cosa con un torno y un cuchillo. Y necesito el fuego para mantenerme caliente, por supuesto."

Entonces el Rey lo envió al castillo con un fuego, un torno y un cuchillo. Cuando llegó la noche, Andrés encendió el fuego y se sentó en una vieja silla junto al torno.

"¡Ojalá pudiera tener miedo!" dijo. "Pero no creo que puedo aprenderlo aquí."

Justo entonces, escuchó un grito desde un rincón oscuro: "¡Ay, miau! ¡Está muy frío!"

"¡Qué estúpido!" dijo. "Si tienes frío, ven y siéntate junto al fuego."

Así que dos grandes gatos negros saltaron hacia adelante y se sentaron a su lado. Lo miraron con ojos ardientes. Se calentaron y luego dijeron: "¿Jugamos un juego de cartas?"

Andrés no creía que pudiera confiar en estos gatos. Los gatos negros sabían magia. Entonces él dijo: "Sí, vamos. Pero primero, muéstrenme sus garras"

Entonces los gatos lo hicieron y vio que sus uñas estaban muy afiladas.

'¡Oh, qué uñas largas tienen! Déjame cortarlas para ustedes."

"¡Qué amable!" dijeron los gatos.

Pero Andrés no les cortó las uñas. Los agarró por el cuello y levantó el cuchillo. "Sé lo que quieren. Quieres poner esas uñas en mis ojos. ¡No gracias!'"

Los arrojó por la ventana, hacia una fosa que rodeaba el castillo. Pero antes de que pudiera sentarse de nuevo, cientos de gatos negros y perros negros salieron de la oscuridad. Todos tenían ojos ardientes, y le gritaron y lo mordieron. Incluso intentaron apagar el fuego.

"¡Váyanse, animales molestos!" gritó.

Tomó su cuchillo y comenzó a defenderse. Algunos huyeron, pero otros se quedaron y lucharon. Los arrojó a todos al agua también. Pero los animales seguían llegando. Justo cuando estaba perdiendo la esperanza, era medianoche y, de repente, todas las criaturas desaparecieron.

Cuando Andrés volvió a sentarse, se sintió muy cansado. Se dio la vuelta y vio una cama en la esquina.

"¡Perfecto!" dijo, y se metió en la cama.

Pero cuando se durmió, la cama comenzó a moverse. ¡Rodeó el

castillo como un insecto!

"¡Que bueno!" dijo. "Esto me ayudará a dormir. Pero ve más rápido."

Entonces la cama corrió y corrió, y Andrés solo se rió. Finalmente, la cama se volvió y se tumbó encima de él.

"Eso no es divertido" dijo. Apartó la cama de él y durmió junto al fuego.

Por la mañana, el rey vino y lo vio en el suelo. Pensó que los fantasmas y los monstruos lo habían matado, pero luego el joven se levantó.

"¿Qué pasó?" dijo el rey.

"¡Buenos días! Lamentablemente, anoche no aprendí a tener miedo, pero fue una noche muy animada de todos modos."

"¿Quieres decir que no tenías miedo?"

"¡Por supuesto que no! Dormí muy bien."

Entonces, la noche siguiente, Andrés regresó al castillo y dijo de nuevo: "¡Ojalá pudiera tener miedo!"

Unas pocas horas después, hubo un fuerte grito y algo cayó del techo. Era un hombre, pero solo la mitad de él. No había ni piernas ni pies.

"¡Hola!" gritó Andrés.

Entonces hubo otro grito, y la otra mitad del hombre cayó.

"Déjame hacer un fuego para ti," dijo.

Cuando se dio la vuelta, las dos mitades estaban juntas, y un hombre de aspecto aterrador estaba sentado allí.

"Disculpa, esa silla es mía."

Andrés lo empujó de la silla.

"Bueno" dijo el hombre. "¡Juguemos un juego!"

Del techo cayeron algunos huesos. En los extremos de los huesos había pies humanos.

"¡Ah, vamos a jugar a los bolos!" dijo Andrés. Colocó los huesos de las piernas en un triángulo. "¡Me encantan los bolos! ¿Pero dónde está la pelota?"

Algunas calaveras cayeron también.

"¡Estas son bolas terribles! No son redondas."

Entonces Andrés tomó las calaveras y las puso en el torno. Pulió las calaveras hasta que quedaron redondas.

"¡Ahora se moverán muy bien!"

Jugaron a los bolos, y Andrés lo hizo bastante mal, pero se divirtió mucho. Pero luego, cuando llegó la medianoche, todo desapareció: el hombre, las calaveras y los huesos de las piernas.

"¡Oh no! No pude despedirme."

Se acostó y se fue a dormir.

A la mañana siguiente, el rey vino y volvió a hablar con él.

"¿Cómo fue esta vez?"

"Jugamos a los bolos."

"¿Pero no aprendiste a tener miedo?"

"¡No! Fue muy divertido."

En la tercera noche, Andrés se sentó tristemente en su silla y dijo: "¡Ojalá pudiera tener miedo!"

Pocas horas después, seis hombres altos entraron con un ataúd. Pusieron el ataúd en el suelo, frente a Andrés.

"Ah, ese debe ser mi primo. Murió hace solo unos días," pensó Andrés.

Los hombres abrieron el ataúd, pero el hombre dentro era demasiado grande para ser primo de Andrés. Aun así, el muchacho dijo: "¡Primo! Te ves tan frío. Déjame calentarte."

Entonces Andrés calentó su mano sobre el fuego y se la acercó a la cara del hombre. Pero el cuerpo se mantuvo frío. Entonces Andrés lo sacó del ataúd y lo puso junto al fuego. Esto tampoco ayudó, así que lo llevó a la cama.

Finalmente, el cuerpo se calentó y comenzó a moverse.

"¿Ves, primo? ¡Te he calentado!"

El hombre muerto se incorporó y gritó: "¡Ahora te comeré!"

"¡¿Qué ?!", dijo Andrés. "¿Así es como me lo agradeces? ¡De vuelta al ataúd!"

Entonces arrojó a su "primo" al ataúd y lo cerró. Entonces llegaron los seis hombres y se llevaron el ataúd.

"¡Nunca aprenderé a tener miedo!" se dijo Andrés a sí mismo.

"Puedo ayudarte a tener miedo..."

Andrés se dio la vuelta y vio a un anciano con una larga barba blanca. Se veía horrible.

"¡Pronto tendrás mucho miedo, porque morirás!"

"¡No quiero morir!" dijo Andrés.

"¡Demasiado tarde! ¡Voy a matarte!"

"No lo creo" dijo Andrés. "No te ves muy fuerte."

"Oh, puede que no parezca fuerte, pero lo soy" dijo el viejo. "Hagamos una competencia. Si eres más fuerte, te dejaré ir. Sígueme..."

Entonces el hombre recorrió muchos caminos oscuros a través del castillo y Andrés le siguió. Finalmente, llegaron a una habitación oscura, donde había algunas piedras grandes y un hacha.

El viejo se paró frente a la piedra, y su barba colgaba. Tomó el hacha y partió la piedra en dos.

"Puedo hacerlo mejor que eso," dijo Andrés.

Fue a otra piedra y tomó el hacha. El viejo se levantó y miró, y su barba colgaba. Andrés tomó el hacha y partió la piedra en dos. Luego agarró la barba del viejo, la colocó entre los pedazos de piedra y la cerró.

"¡No me puedo mover!" gritó el viejo.

"Ahora te tengo" dijo Andrés. "¡Tú eres quien morirá!"

Tomó un trozo de piedra y antes de golpear al anciano, este gritó: "¡Por favor, para! Te mostraré los tesoros del castillo."

Entonces Andrés lo dejó ir. El viejo le mostró el castillo y fueron a una habitación con tres cajas de oro.

"Una de estas cajas es para los pobres, una es para el Rey y la otra es tuya".

Pero luego, cuando llegó la medianoche, el viejo desapareció junto con la luz de la habitación. Andrés se quedó en la oscuridad. Cuidadosamente encontró el camino de regreso al fuego y durmió allí.

A la mañana siguiente, el Rey vino y dijo: "¿Seguramente ahora has aprendido a tener miedo?"

"No, para nada. Mi primo muerto me visitó, y luego vino un hombre barbudo y me mostró grandes tesoros, pero nadie me enseñó a tener miedo."

"Entonces has completado el desafío y puedes casarte con mi hija."

"Eso es muy bueno, ¡pero todavía no sé cómo tener miedo!"

Entonces sacaron los tesoros y tuvieron una gran boda. Andrés amaba a su esposa y estaba muy feliz, pero todos los días aún decía: "¡Ojalá pudiera tener miedo!".

Finalmente, su esposa se enojó con Andrés un día. "¡Te mostraré cómo tener miedo!" le dijo.

Salió al río y tomó un balde de agua fría, llena de peces. Por la noche, cuando Andrés estaba dormido, su esposa vertió el cubo de agua helada sobre él.

Andrés se despertó y lloró: "Oh, ¿qué me hace estremecer tanto? ¿Qué me hace estremecer así, mi esposa? ¡Ah! ¡Ahora sé lo que es tener miedo!".

Story 10: Historia de un escarabajo

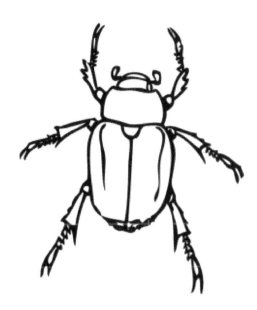

A love story which involves a fascination with bugs, scarabs and magic.

Siempre he sido bueno escondiéndome. En una multitud, una esquina, o incluso entre las paredes: siempre he sido difícil de encontrar. A mis padres les causétodo tipo de problemas. Cuando era un niño y mis llantos llenaban la casa, corrían de habitación en habitación, sin poder encontrarme. Cuando no lloraba, era aún peor. Los primeros años de mi vida fueron terribles para ellos. Pasaron la mitad del tiempo pensando que debían ser padres terribles.

Cuando crecí un poco más, entendí mejor mi poder. El primer día de la guardería me senté en la esquina dibujando mariquitas por mi cuenta. Ningún otro niño me hablaba. Eso me gustó y continué en la escuela, escondiéndome en las esquinas.

Eso fue hasta que Miguel se mudó a la casa al final de la calle.

Era un edificio alto y misterioso. Él también era un niño alto y misterioso. Y fue a la misma escuela que yo. Para los maestros, Miguel era un buen estudiante, se reía mucho con sus amigos y supuse que para sus padres era un buen hijo.

A pesar de esto, no pude cambiar mis hábitos. Estaba demasiado acostumbrado a ser el niño raro, sentado solo en la esquina. En el recreo, solía trepar dentro de un roble en el patio de juegos, que los otros niños nunca notaron. Miraba a Miguel desde el árbol, estudiándolo como un insecto bajo una lupa.

Sin embargo, no todo fue bueno. Fue entonces cuando comenzaron los malos tiempos. Durante la clase de biología, el Sr. Blanco mencionó el viejo roble en el patio de recreo, y el hechizo mágico se rompió. De repente, los otros niños podían ver el árbol que antes no podían ver. El árbol en el que me sentaba en cada descanso. Y al día siguiente, los niños malos vinieron a verme.

Darío era el niño más grande de nuestro año y el más malo. Vino a mi árbol con sus amigos, y luego siguieron los malos tiempos. Esos meses fueron un infierno para mí, y no me gusta pensar en ellos, incluso ahora. Pasé noche tras noche deseando que le pasaran cosas malas a Darío. Deseaba que sus ojos se pudrieran y se cayeran mientras dormía, que se le rompieran las uñas, que su piel se secara y se rompiera en mil pedazos, y como dulces aplastados en el concreto.

Entonces, un día, no se presentó a la escuela. No había nadie a quien pudiera preguntarle qué le había sucedido, pero finalmente escuché que tenía algún tipo de enfermedad de la piel. Se había secado como una alubia vieja y había ido al hospital, y no parecía que mejorará.

Los demás me dejaron solo después de eso. No sé por qué. Tal vez pensaron que tenía algo que ver con el problema de Darío. También me preguntaba si tenía algo que ver con eso. ¿Podrías desear tanto dolor a alguien que cosas malas podrían realmente suceder?

Unas semanas después, Miguel vino a visitarme a mi árbol.

"¡Oye!"

Me senté adentro, leyendo un libro sobre bichos mientras cientos de bichos se me subían encima. No sabía qué decir, así que lo ignoré y seguí leyendo mi libro.

"¡Oye!" repitió.

Miré hacia arriba. Pero no me atreví a mirarlo.

"Fue tu cumpleaños la semana pasada. Nuestra maestra, la Sra. Martínez, anunció los cumpleaños de la clase al comienzo de cada semana. Afortunadamente, el mío había llegado al mismo tiempo que varios otros." Nadie notó el nombre de un niño que ni siquiera sabían que estaba en la clase. Excepto por Miguel.

"Mmmh," dije sonando como un gato moribundo.

"Te traje un regalo."

"¿Oh?" Mi corazón latía rápido.

"Sin embargo, es especial. Tendrás que venir a recogerlo a mi casa."

"¿Engh?" Parecía que ahora solo podía comunicarme con ruidos de animales.

"Ven a mi casa a las 5 de la tarde."

Golpeó su mano contra el árbol y se alejó.

Sostuve mi libro con fuerza. Pensé en lo que acababa de pasar.

Miguel me había regalado algo por mi cumpleaños. Él sabía que yo existía. Yo iba a su casa.

La felicidad desapareció y fue reemplazada por un miedo helado. ¿Qué me iba a dar? ¿Cómo iba a actuar? ¿Qué iba a decir?

El sentimiento me siguió toda la tarde. Era como si alguien hubiera vertido un cubo de hielo sobre mí y me hubiera dejado mojado. Esa tarde, sopló un horrible viento otoñal, y grandes gotas de lluvia cayeron del cielo. Cuando llamé a la puerta de su casa a las cinco, estaba helada.

Su madre, una mujer alta y un poco misteriosa, abrió la puerta.

"¡Debes ser Cecilia! Adelante. Dios, debes tener mucho frío. Aquí, la sala de estar es cálida y agradable."

La seguí a través de un pasillo alto hasta una habitación alta, donde Miguel estaba parado frente a una especie de caja. Estaba cubierto con una manta que tenía un patrón de estrellas y luna. Estaba jugando con su reloj, y saltó un poco cuando entré.

"Feliz cumpleaños, Cecilia."

Retiró la manta y debajo había una jaula de plástico con algunos palos. Quería quedarme junto a la puerta, pero quería ver más qué había en la jaula. Me acerqué a mirar y vi algo pequeño y negro que se arrastraba entre los palos. Un escarabajo ciervo.

"¡Oh, los escarabajos ciervo son mis favoritos!" dije.

La cara de Miguel brillaba como un pastel de cumpleaños.

"¿De Verdad? Estoy tan feliz. Oh, me preocupaba que, bueno, tal vez odies a los insectos."

Me reí. La idea era tonta. Me encantaron todos los insectos. Abrí la jaula y recogí al escarabajo ciervo. Tenía un caparazón muy brillante y un gran cuerno.

"Voy a llamarte Miguelito," le dije al escarabajo, lo suficientemente fuerte como para que Miguel pudiera escuchar.

Lo puse cuidadosamente en la caja y lo cerré, y luego hice lo más valiente que he hecho. Abracé a Miguel.

"Gracias. Es perfecto."

"No es nada."

"Tienes que decirme cuándo es tu cumpleaños."

"13 de febrero."

Me repetí la fecha para recordarla. Lo que no sabía era que esa fecha terminaría siendo muy, muy importante.

***

Miguelito fue mi primera mascota. Mis padres siempre habían dicho que era demasiado descuidada para tener uno, pero cuidé de mi escarabajo ciervo como si fuera la cosa más importante del mundo. Una vez a la semana, Miguel visitaba a Miguelito.

"Creo que se está haciendo más grande" decía "Pronto será tan grande como tú."

"Pero yo soy pequeña."

"Exactamente."

En la escuela, Miguel estaba en una clase diferente a la mía, y en el recreo salía con sus propios amigos. No me importaba. Caminamos juntos a casa después de la escuela, y nunca supe qué decir, así que generalmente terminaba hablando de Miguelito.

La Navidad vino y él se fue. Miguel terminó visitando a sus abuelos en Argentina, así que no lo vi durante unas semanas. Esas semanas fueron horribles. Le hice un álbum de fotos de Miguelito, para que el día de Navidad pudiera sentirse cerca de mí. Me dio una pequeña bufanda de lana que había tejido, para Miguelito, y una bufanda del tamaño de un adulto para mí. Me envolví en ella, la olí y fingí que era él.

Pero después de Navidad, algo había cambiado con Miguel. Un día, de camino a casa desde la escuela, se volvió hacia mí y me dijo: "¿Alguna vez has mirado a algún chico?"

"Bueno, veo chicos todos los días."

"No, quiero decir mirar solo uno. Como, no puedes quitarle los ojos de encima."

Lo pensé por un momento. La única persona que había visto así era Miguel.

"Te estás poniendo roja, ¡lo has hecho!"

"¡No tengo! Mi cara es simplemente cálida."

"Es invierno."

"¡Cállate!"

Estábamos en la esquina del camino en el que vivíamos, así que corrí a casa y no miré hacia atrás.

Esa noche no pude dormir. Estaba pensando en todas las chicas de la escuela, tratando de decidir a quién miraba Miguel. Lo peor fue que no sabía por qué me importaba tanto. No me importaban sus otros amigos, entonces, ¿por qué me importaba que él pudiera tener novia?

Al día siguiente en la escuela, me senté dentro de mi árbol, pero en lugar de leer, lo observé. Lo vi acercarse a una chica con cabello largo y castaño y darle una flor.

Ni siquiera sabía su nombre. Ese día caminé sola a casa rápidamente, para que Miguel no me viera. Pasé todo el fin de semana sintiéndome enferma y pensando cosas malas la chica de la flor. Deseé que se le cayera todo el pelo.

El lunes, algo estaba sucediendo en el patio de recreo. La chica, la chica de Miguel, estaba parada en un círculo de niños. Llevaba un gran sombrero de lana y se lo había puesto sobre las orejas. Los niños le estaban tomando el pelo. Uno trató de tomar su sombrero. Ella lo apartó con lágrimas en los ojos. Entonces Darío, que estaba detrás de ella, se lo quitó de la cabeza. Tan pronto como su cabeza fue revelada, todos los niños comenzaron a reír. Era tan suave y brillante como el caparazón de Miguelito. No quedaba un pelo encima.

Lo había vuelto a hacer.

Durante el almuerzo, me escondí en mi árbol y pensé en lo que había hecho. Luego hubo un golpe externo que me hizo saltar y golpearme la cabeza.

"Soy yo."

"¿Qué quieres?"

"¿Cómo está Miguelito?" dijo Miguel ignorando mi ira.

"Él está bien. Ha comenzado a aprender a dibujar."

Esto era solo medio cierto. Le había dado un bolígrafo y él había dibujado algunas líneas, pero en realidad no era nada más.

"Oh, eso es genial. Escucha, tengo que decirte algo."

"¿Qué tal tu novia?"

De repente me alegré de haberla hecho calva.

"No, es ¿puedes mirarme?"

Me di la vuelta para mirarlo. Se veía muy preocupado.

"Ella no es mi novia," dijo en voz baja.

"Entonces, ¿por qué le diste una flor?"

"Yo... Mira, eso no es importante ahora. Vine a decirte que me voy."

"¿Qué?"

"El 13 de febrero. Nos estamos mudando de regreso a Argentina."

"¡Pero eso es tu cumpleaños!"

Fue una estupidez decirlo, pero no pude evitarlo. Era el día antes del día de San Valentín, y había estado pensando en todo tipo de cosas para darle. Iba a darle el mejor regalo de cumpleaños de San Valentín.

"Sé que es mi cumpleaños. Tendremos que celebrar en otro momento."

"¿Por qué te mudas?"

"Solo tenemos que hacerlo. Lo siento, no puedo explicarlo."

"¡Argentina está muy lejos!"

"No está tan lejos. Podemos escribirnos."

Pero por la forma en que su voz decayó, me di cuenta de que eso no iba a suceder. Desde Navidad nos habíamos estado separando, y este sería nuestro fin.

El 13 de febrero ni siquiera me despedí. Cogí la caja de Miguelito, la llevé al ático y cerré todas las cortinas para quedarme a oscuras. Escuché el timbre y mis padres abriendo la puerta. Era Miguel. Mis padres llamaron y llamaron, corrieron por la casa para buscarme, pero no pudieron encontrarme. Nadie podría encontrarme nunca.

Entonces oí que se cerraba la puerta principal, y unos minutos después, el sonido de su auto bajando por la carretera y desapareciendo en la distancia.

Saqué a Miguelito de su caja y lo sostuve.

"Eres todo lo que tengo ahora."

***

El pequeño Mike murió esta mañana.

Lo siento, déjame contarte la historia completa.

Soy entomóloga ahora. Por supuesto, nadie sabe lo que eso significa. La mitad de las personas que conozco piensan que soy una especie de médico. Así que explico diciendo: "Soy un científico de insectos." Después de que Miguel se fue, lo reemplacé con libros de insectos. Pasé toda mi adolescencia leyendo sobre insectos y sobre cómo manejarlos. En mi habitación tenía una casa de cría de escarabajos, una granja de hormigas y una enorme caja de insectos palo. Traté de convencer a mis padres de que compraran una caja de abejas en el jardín, pero me dijeron que eso era demasiado. Crié insectos, amaestré insectos, soñaba con insectos.

Después de la escuela, fui a la Universidad de Guadalajara para estudiar entomología. Mis padres querían que eligiera una carrera más normal y me especializara en otra área de la biología. La cuestión es que no me interesaban otros tipos de biología. Los insectos eran lo único que me importaba. Terminé mi licenciatura y obtuve un doctorado, y actualmente soy profesora. Es todo muy agradable.

Mis padres siempre dicen: "¡Cecilia, tienes que salir más!" Me dicen que soy una chica joven y atractiva, que hay muchos hombres por ahí que me amarían, incluso con mis bichos. La cosa es que estoy segura de que no están equivocados. No soy la niña tímida y extraña que solía ser. Ahora tengo amigos (aunque la mayoría de ellos son nerds como yo). Pero simplemente no estoy interesada en una relación. Es demasiado trabajo, y si no están interesados en los insectos, ¿cuál es el punto? Además, cada vez que voy a un bar, nadie me nota.

Los fines de semana, suelo tomar el tren al zoológico de Guadalajara. Me ofrezco como voluntaria y llevo a grupos de estudiantes alrededor de las casas de insectos. A veces hay niños que odian los insectos o les tienen miedo, pero tengo un truco secreto para cambiarles la opinión. Traigo a Miguelito en su caja y se los presento, y todo su miedo y falta de interés desaparece.

Espera, eso no está bien. Solía llevar a Miguelito. Ya no.

Miguelito había vivido durante un tiempo extraordinariamente largo. El tiempo promedio que vive un escarabajo ciervo es entre tres y siete años. Miguelito vivió quince años. Y de todos los días para morir, lo hizo esta mañana: el 13 de febrero. El día que Miguel se fue. He estado llorando mucho. Todas mis emociones de ese tiempo, que escondí dentro de mí, están surgiendo ahora como una fuente.

Por primera vez en años, me pregunto qué hará Miguel. ¿Qué estudió en la universidad? ¿Incluso si fue a la universidad? ¿Cómo están sus padres?

Un pensamiento me sorprende: ¿y si está casado? Trato de decirme que estaría feliz por él, pero ya no puedo mentirme a mí misma.

"Tranquilízate," me digo. Voy y hago un poco de té, y pienso en mi granja de hormigas. Tengo una idea de cómo voy a reformarla. Pero luego empiezo a pensar en lo que Miguel diría: "No, esa forma está completamente mal ... Deberías hacerlo así, ¿ves? Entonces las hormigas estarán felices y se verán bien."

"¿Qué sabes sobre las hormigas?" digo, y luego me doy cuenta de que estoy hablando conmigo misma. Es un mal hábito mío.

Sirvo mi taza de té y me siento a revisar mis correos electrónicos. Los correos electrónicos académicos siempre son aburridos, y necesito algo aburrido para distraerme de Miguelito y Miguel. Miro el correo basura, anuncios y preguntas de los estudiantes. Y luego lo veo.

De: Miguel Salazar. Asunto: Hola, chica insecto.

Borro el correo electrónico y voy por mi té. Tomé un gran bocado y me quemo la boca. Estoy temblando.

¿Ahora, después de todos estos años?

Pero tengo que saberlo.

Dejo la taza sobre la mesa, muevo el mouse a la papelera y abro el correo electrónico. Mi corazón late con fuerza, lo abro. Lo leí rápido. Luego presioné "Responder."

Unos días después, acordamos reunirnos para tomar un café. Miguel vive en Puerto Vallarta, por lo que Guadalajara no está lejos de él. Estoy parada afuera del café, escondiéndome en la puerta de la lluvia de fines de invierno. Una parte de mí dice que tengo que salir de allí, que solo me va a lastimar de nuevo. Pero el resto de mí sabe que si no lo veo ahora, estaré pensando en él por el resto de mi vida.

"¡Oye!"

Casi no lo reconozco al principio. Tiene un corte de pelo corto, en un estilo de moda, y una barba ordenada y elegante. Él sonríe, y luego sé que es él.

"Hola, Miguel."

Él ríe.

Entramos y pedimos bebidas, y voy directamente a lo que he estado pensando.

"Entonces, ¿por qué te fuiste? De verdad."

Durante mucho tiempo no dice nada y mira su café. Luego me mira a los ojos y dice: "¿Crees en la magia?"

Me río. "¿Te has convertido en un brujo o algo así?"

Él sacude su cabeza. "No. Pero piénsalo. ¿Nunca te has dado cuenta de que eras particularmente... difícil de notar?"

"Soy buena escondiéndome en la esquina."

"Es más que eso. Que puedes fácilmente desaparecer la esquina.

124

¿Sabes que he estado tratando de ponerme en contacto contigo durante tres años?"

Me ahogo con mi chocolate caliente. "¿Por qué?"

Me hace una mueca. "Deberías saber por qué. De todos modos, estoy asombrado de haberte encontrado. Puede que no lo llames "magia", pero hay algo a tu alrededor, algo que impide que otros te vean."

Pienso en sus palabras. Tienen sentido. Y luego recuerdo algo, algo que había olvidado por mucho tiempo.

"Había una cosa, en la escuela... Alguien me estaba intimidando, y luego fue al hospital. Y estaba esa chica..."

"¿Beatriz? ¿La que se quedó calva?"

Sonrío nerviosamente. Él recuerda su nombre. "Sí ella. ¿Te mantienes en contacto?" preguntó.

"Lo hacemos" sonríe Miguel. "Decidió tener el cabello corto, y ahora se ve realmente genial. Pero de todos modos, no creo que esas cosas hayan sucedido gracias a ti."

"Por supuesto que no, porque la magia no es real."

"Yo lo hice todo."

Lo miro fijamente: "¿Perdón?"

"Lo tuyo es que la gente no te note. Lo mío es, bueno, cuando realmente me preocupo por alguien, hago lo que sea que quieran para que termine sucediendo. Sin que lo intente."

Sacudo la cabeza "¿Cuánto tiempo has estado pensando en todo esto?"

"Piénsalo. Ese matón se enfermó cuando noté que te estaba intimidando, en tu arbolito. Y esa chica perdió todo su cabello cuando noté que la estabas mirando. Tú querías que les pasaran cosas malas, pero yo hice que sucedieran."

"Ninguno de nosotros lo causó. Fue solo casualidad. Es fácil para ti decir todo esto ahora, porque está en el pasado."

"Sin embargo, he tenido muchas experiencias como esta. Podría parecer saludable ahora, pero hace unos años, yo estaba en el hospital."

"Dios mío, ¿por qué?"

"Un problema estomacal. Fue una de las peores cosas que habían visto, me dijeron los médicos. La semana anterior, mi novia y yo tuvimos una gran pelea. Y dijo que esperaba que me pudriera de adentro hacia afuera. Como una manzana que salió mal. Bueno, eso comenzó a suceder. Mi estómago básicamente comenzó a morir. Pero tan pronto como me disculpé con ella, mejoré. Ya no estamos juntos, por cierto."

Estoy temblando. Sostengo la taza tibia con más fuerza en mis manos.

"Por eso me alejé. Estaba preocupado por lo que podría pasar. ¿Qué pasa si me deseas muerto? ¿Y si te quisieras muerta? Traté de ocultar mis emociones, para no preocuparme por nadie. No funcionó."

"Entonces, ¿por qué ahora? ¿Por qué ponerse en contacto conmigo otra vez?"

Él sonríe y mi corazón se derrite de nuevo. "Porque me preocupo por ti. Demasiado para ignorarlo. Después de ese momento en que casi muero, me di cuenta de que siempre habrá una posibilidad de que mi 'poder' haga algo malo. Solo tengo que aprovechar esa oportunidad. De todos modos, claramente también querías verme."

"¿Cómo sabes eso?"

"Simple. Si no quisieras verme, mi magia no funcionaría y no habría podido encontrarte."

Lo pienso por un momento. Es extraño. Su correo electrónico llegó justo después de que empecé a pensar en él. Deseando verlo de nuevo.

"Bien entonces. Aceptaré esto... algo mágico, por ahora, aunque todavía suena un poco tonto. Ahora, dime qué has estado haciendo."

"Bueno, ¿sabes cómo tejí esta bufanda? Dirijo un negocio de ropa, ahora. De hecho...'

Saca una bufanda de su bolso. Es verde, con un pequeño patrón negro. Miro más de cerca y me doy cuenta de que el patrón es de pequeños escarabajos ciervo.

"...este es nuestro producto más popular."

"Oh es hermoso. Eso me recuerda... Miguelito murió."

Se ve triste. Extiende la mano y toma mi mano, y me mira a los ojos.

"Entonces es bueno que tengas a Miguel nuevamente, ¿eh?"

Puede que haya perdido el escarabajo, pero me quedé con el niño.

Story 11: Los amigos extraños

An unusual friendship between a cat and a mouse will be tested by the cat's hunger.

Una vez hubo un gato y un ratón. Por lo general, los gatos comen ratones, y los ratones huyen de los gatos, pero este gato y este ratón se querían mucho. Se querían tanto que vivían juntos. Hicieron una linda casita en la ciudad. Todos los llamaron los "amigos extraños."

"Debemos pensar en el invierno" dijo el gato. "En invierno, hará frío y habrá poca comida. Deberíamos guardar algo para el invierno, para que no tengamos hambre. Después de todo, eres un ratón, y si buscas comida en invierno, un gato te comerá."

El ratón estuvo de acuerdo con el gato. Entonces compraron una olla de mantequilla, pero no sabían dónde ponerla.

"Podemos guardarlo en la casa," dijo el gato.

"No, no," dijo el ratón. "Si lo vemos en la casa, queremos comerlo. Pongámoslo en la iglesia, debajo de la gran mesa. Nadie robará de la iglesia. Y si no podemos verlo, no vamos a querer comerlo. No lo comeremos hasta que realmente lo necesitemos."

Entonces pusieron la olla de mantequilla debajo de la gran mesa en la iglesia, y continuaron su feliz vida juntos.

Pero el gato era un animal egoísta. Unas semanas más tarde, tenía un fuerte deseo por untar un poco de mantequilla en un pan. Se imaginó cómo sabría y sintió mucha hambre.

El gato le dijo al ratón: "Amigo ratón, tengo que preguntarte algo. Mi prima ha tenido un hijo hermoso. Él es blanco con puntitos marrones. Mi prima quiere que yo sea el padrino, así que debo ir al bautizo. ¿Eso te molestaría? Tendrás que cuidar la casa solo."

"¡Por supuesto que no!" dijo el ratón. "Ve, y si encuentras buena comida o bebida, tráeme algo. En los bautizos, el vino es muy dulce y delicioso. Tráeme un poco de vino de bautizo."

Sin embargo, el gato estaba mintiendo. No tenía prima, y nadie le había pedido que fuera padrino. Fue a la iglesia, por debajo de la mesa y abrió la olla de mantequilla. Lamió la mantequilla que estaba arriba.

Luego caminó sobre los tejados de la ciudad. Buscó más comida y bebida, pero no vio nada. Entonces se tumbó al sol. Cuando pensaba en la olla de mantequilla, se lamía los labios. Después llegó a casa solo por la noche.

"Estoy seguro de que has tenido un hermoso día," dijo el ratón. "¿Cómo fue el bautizo?"

"Salió muy bien," dijo el gato.

"¿Cómo llamaron al niño?"

"Arriba." dijo el gato.

"¡Arriba!" dijo el ratón "Ese es un nombre muy extraño. ¿Es común en tu familia?"

"No es un nombre extraño," dijo el gato. "Tienes un ahijado, ¿no es así? Se llama Narizotas. Ese es un nombre tan extraño."

Una semana después, el gato sintió el deseo de volver tomar de la mantequilla. Entonces le dijo al ratón: "Debes ayudarme. Una vez más, me han pedido que sea padrino. Este niño tiene una gran mancha blanca alrededor del cuello y es muy bonito. No puedo decir que no ¿Cuidarás la casa solo, para que yo pueda ir?"

El ratón dijo que sí, pero nuevamente, el gato atravesó la ciudad hasta la iglesia. Esta vez, ella comió la mitad de la olla de mantequilla. "Sabe mucho mejor cuando estás solo," se dijo.

Cuando se fue a su casa, el ratón preguntó: "¿Cómo llamaron a este niño?"

"A medio hacer," dijo el gato.

'¡A medio hacer! ¿Es eso cierto? Nunca he oído hablar de ese nombre. ¡No creo que esté en los libros de nombres!"

Unos días después, el gato volvió a desear la mantequilla.

"Las cosas buenas van de tres en tres," dijo el gato. "Me han pedido que vuelva a ser padrino. Este niño es negro, pero tiene las manos blancas. Esto es algo muy extraño. ¿Cuidarás la casa para que yo pueda ir?"

"¡Arriba! ¡A medio hacer!" dijo el ratón "Son nombres tan extraños. Me hacen pensar."

"Tienes tantas ideas, porque no sales en el día. Te sientas en casa y solo la cuidas."

Mientras el gato se iba, el ratón limpió la casa. Hizo que la casa estuviera muy bonita y limpia. Mientras el ratón limpiaba, el gato se comió todo lo que quedaba de la mantequilla.

"Es bueno terminar la comida," dijo el gato. Estaba tan llena que no volvió a casa hasta la noche. El ratón preguntó cómo habían llamado al tercer niño.

"No te va a gustar," dijo el gato "Se llama Ya no hay."

"¡Ya no hay!" dijo el ratón "Ese es el nombre más extraño de todos. Nunca he escuchado ese nombre. ¿Qué significa?"

El ratón estaba muy confundido y se fue a dormir.

Después de eso, nadie le pidió al gato que fuera padrino. Cuando llegó el invierno, no tenían más comida. Entonces el ratón dijo: "Es bueno que tengamos esa olla de mantequilla. Vamos a la iglesia y disfrutemos nuestra comida."

"Sí," se dijo el gato. "O podrías lamer el aire. Lo disfrutarías tanto."

Cuando llegaron a la iglesia, la olla de mantequilla estaba allí, pero estaba vacía.

"¡Oh, no!" dijo el ratón. "Veo lo que ha sucedido. ¡Pensé que éramos amigos! Pero comiste toda la grasa cuando estabas 'yendo a bautizos.' Primero Arriba, luego a Medio Hacer, y luego..."

"No termines," dijo el gato. Los nombres le hacían pensar en la gordura, y tenía mucha hambre. "Si dices una palabra más, yo..."

Pero fue demasiado tarde. "¡Ya no hay!" dijo el ratón. Al decir las palabras, y el gato le golpeó y se lo comió.

Porque ese es el mundo. Los gatos comen ratones y engordan.

Story 12: La isla de cuervos

Isolated in a remote island, robot crows are after me while I'm been taken care by my dog Fido.

Unos cuervos horribles volaban en círculos por encima de nosotros. Al menos, parecían cuervos cuando los mirabas por primera vez. Pero cuando los mirabas lo suficiente, comenzabas a ver cosas extrañas. Cosas que no eran naturales. Las aves reales no permanecen en la misma posición durante tanto tiempo, sin moverse nunca. Y los pájaros reales no se quedan sin baterías. Los cuervos eran robots que lloraban de forma poco natural, y si su batería se estaba agotando, el llanto sería ronco. Como si hubieran fumado un paquete entero de cigarrillos de una vez.

Al principio, pensé que podía esperar a que cada uno de ellos se extinguiera. Conté las horas y celebré cada grito ronco. Pero luego, con el paso del tiempo, comencé a darme cuenta de un problema con mi plan. Los cuervos estaban siendo reemplazados. Lo hicieron en la noche, cuando no podía ver. Los grupos de pájaros nunca bajaron de cierto número. Y esos fueron los que pude ver. No tenía idea de cuántos se escondían en los árboles que nos rodeaban.

Así que, durante el día, tuvimos que encontrar un escondite. Por lo general, era una cueva. Los pájaros robot no pudieron entrar en las cuevas, por alguna razón. Pero cuando nos alejábamos, había menos cuevas. Así que tuvimos que arrastrarnos entre los arbustos, cubrirnos con hojas o encontrar un árbol sin pájaros y esperar tener suerte. Una vez tuve que arrastrarme dentro de un viejo árbol lleno de escarabajos. Esas horas se sintieron eternas. Sentía a los escarabajos trepando por mi piel, por mis labios, incluso debajo de mi ropa.

Hoy, estábamos debajo de una cama de hojas gruesas y rojas, con un pequeño espacio para mirar. Los colores en los bosques eran asombrosos. Solía ser el tipo de persona que amaba las vacaciones en la naturaleza. Caminé por las selvas tropicales de Costa Rica, tomando fotos de cascadas, aves tropicales y serpientes. Ahora veía lo que era: comida, un escondite o peligro.

Apenas dormí durante el día. Cuando lo hice, tuve pesadillas donde fui cazado por hombres con cabeza de cuervo. Luego me despertaba, y era de noche, y teníamos que caminar como zombis a través de los árboles.

"Nosotros" éramos yo y mi perro, Fido. Gracias a Dios tuve a Fido. Sin él, me hubiera vuelto loco hace mucho tiempo. Lo encontré poco después de mi fuga de prisión. Pensé que una vez fuera de ella, estaría a salvo. No pensé que habría una isla entera a su alrededor, llena de bosques húmedos y robots que lo ven todo. Si no hubiera encontrado a Fido, podría haber perdido la cabeza hace mucho.

Me acerqué y rasqué a Fido detrás de su oreja. Él movió la cola, pero no lo suficientemente fuerte como para llamar la atención de los pájaros. Era el perro más listo que había conocido. Permaneció callado todo el día, escondiéndose en la hierba conmigo. Sin él, no hubiera podido moverme. Podía ver en la oscuridad, y la noche era la única vez que los robots no podían vernos. Fido me guió por el bosque y nos mantuvo alejados de los humanos que me cazaban.

Los cuervos delante de nosotros se fueron volando. Mi corazón saltó a mi garganta. Eso fue extraño. Eso rara vez sucedió. Me quedé allí quieto durante un largo minuto. Fido se movió a mi lado. Parecía que el área a nuestro alrededor estaba despejada.

Con cuidado, me puse de pie. Fido se quitó las hojas. Era un perro tan bueno, que permaneció en silencio e inmóvil durante tanto tiempo. Le rasqué otra oreja y meneó la cola otra vez. Él era un labrador. Siempre había querido un labrador, cuando mi vida era normal.

Estiré las piernas y nos pusimos en movimiento. Todavía era de día, pero estaba ansioso por aprovechar la oportunidad que tuvimos. Fido corrió adelante, despejando el camino a través de los gruesos árboles. Era como una selva tropical, pero en realidad no. Las selvas tropicales reales estaban tan cubiertas de vegetación que había que usar un machete para cortarlas. Estos solo crecieron hasta cierto nivel, y luego se detuvieron, como un escenario en un videojuego. Sólo lo suficientemente grueso como para evitar que los prisioneros escapen, pero no tanto como para que no puedan encontrarlos fácilmente.

Algo se movió en un arbusto cercano. Me quedé quieto. Fido se detuvo a unos metros delante de mí. Hizo una mueca como si dijera "¿Por qué te detienes?" Tal vez me había imaginado el sonido. Empecé a caminar de nuevo, más urgentemente esta vez. Fido continuó también. Nunca parecía asustado.

Unos minutos después escuché otro sonido. Alguien estaba alejando una rama de su cara. Vi algo de humo a mi izquierda. Nos habían encontrado. Empecé a correr. Me caí varias veces, porque mis piernas estaban débiles por falta de comida. Solo el miedo me empujó hacia adelante. Fido se movió rápida y fácilmente. Quizás ya había conocido el peligro. Empujamos a través de árboles cortados a través de ramas.

Entonces, de repente, Fido se detuvo. Casi me estrello contra él. Afortunadamente no lo hice. Había una luz brillante, y cuando mis ojos se acostumbraron a ella, vi que el bosque había terminado y estábamos parados frente a un acantilado. A lo lejos, el sol se ponía sobre el mar.

Lo logramos. El borde de la isla. Pero había una caída de cien metros entre nosotros y el agua.

Miré a la derecha y luego a la izquierda. Podía escuchar a los cazadores chocando entre los árboles detrás de mí. No había camino por el acantilado, solo unos pocos pedazos de roca fuera.

O me dejo llevar vivo o me muero tratando de escapar. La elección era clara.

Fido, leyendo mi mente, comenzó a descender por el acantilado. Lo seguí detrás de él. Era muy empinado, y la única opción era saltar entre los pedazos de roca. Después de tanto tiempo huyendo de los cazadores, estaba débil, y cuando aterricé, todos los huesos temblaron en mi cuerpo. Era más fácil para Fido que para mí, pero todavía estaba luchando. Saltó sobre una punta de roca, y parecía que iba a caerse, pero arrojó las piernas justo a tiempo.

Lancé una rápida mirada detrás de mí. Había dos hombres parados al borde del acantilado, con armas en sus manos. Gritaban y señalaban, pero no dispararon. Sin embargo, no sabía cuánto duraría eso.

Escuché un fuerte grito. Me di la vuelta. Fido estaba cayendo. El intentó sostenerse con sus patas, y luego se cayó. Aterrizó en las rocas afiladas y rebotó, hasta el fondo del acantilado. Su cuerpo cayó en una pila junto al mar. Era una escena horrible.

"¡Fido!" grité.

Salté hacia adelante. No me importaba si me rompía el cuello. Me las arreglé para sostenerme en la punta de una roca. Las manos se me cansaban, pero me quedé el tiempo suficiente para recuperar el equilibrio y luego volví a saltar. Hubo un disparo detrás de mí, rompiendo la punta de la roca en dos. Salté de roca en roca, moviéndome como una marioneta. De alguna manera, logré bajar al agua sin matarme.

Fido volvió la cabeza hacia mí.

"¡Oh, Fido!"

Casi lloré y abracé su cabeza contra mi pecho. Hacía demasiado calor.

Bajé la vista a su cuerpo. Una de sus piernas estaba rota, pero donde debería haber sangre y huesos, había metal y alambre.

Fido ladró alegremente. Pero algo estaba mal con su piel. Sonaba... ronco. Antinatural. Lo solté, arrastrándome sobre mis

137

manos y rodillas. Pero fue demasiado tarde.

Un segundo después, el robot explotó.

Bonus Story: El chico que no dejó de soñar

Based on real events, this story tells the life of Ludwik Zamenhof - creator of Esperanto, the most spoken invented language in the world.

En un pueblo en la actual Polonia llamado Bialistok, había un niño llamado Ludwik Zamenhof. Ludwik era judío. Había muchos judíos en Bialistok. También había rusos, polacos y alemanes. Todos vivían en diferentes partes de la ciudad y no se llevaban bien.

Ludwik creció hablando muchos idiomas. Hablaba yiddish, polaco y ruso, y aprendió latín y griego antiguo en la escuela. Estas lenguas muertas le causaban dolores de cabeza, pero sus maestros decían que eran importantes.

"Todo lo importante está escrito en latín," decía su maestro.

Ludwik no estuvo de acuerdo con esto. Dostoievski no escribía sus libros en latín. La Torá no estaba en latín. Pero, aun así, tuvo que aprender latín.

A medida que Ludwik crecía, se interesó más por los idiomas. Su padre, un maestro, le enseñó francés, alemán y hebreo, y Ludwik se enamoró de estos. De repente pudo ver los vínculos entre los diferentes idiomas.

"La palabra francesa 'père' es del latín 'pater', y el alemán 'vater' también es similar. ¿No es eso interesante?" pensaba Ludwik.

Le dijo estas cosas a su madre y a su padre, y simplemente se rieron. Los idiomas debían usarse, más no jugar con ellos.

Un día, Ludwik estaba hablando en la calle con un amigo judío. Hablaban yiddish, el idioma de los judíos. Normalmente solo hablaba yiddish en casa, pero eran amigos cercanos. Un hombre pasó junto a ellos y escuchó que hablaban yiddish. Les gritó algo en polaco. Gritó y gritó, y no se detuvo hasta que Ludwik le habló en ruso.

"¿Qué quieres?" dijo.

El hombre siguió gritando, por lo que Ludwik intentó hablar en polaco. No lo sabía bien, pero había escuchado lo suficiente en las calles como para decir algunas palabras. "¿Qué quieres?" repitió.

El hombre dijo una palabra que Ludwik sabía, una palabra muy desagradable, y por ende los amigos se alejaron.

"¿Qué dijo ese hombre?" preguntó el amigo de Ludwik.

Ludwik se puso rojo. "No quiero repetirlo."

Ludwik fue a su casa y pensó en lo que pasó. Bialistok era una ciudad rota. Los rusos, polacos, alemanes y judíos vivían vidas completamente separadas. Cuando se encontraban, a menudo peleaban. Ludwik comenzó a pensar: "¿y si todos hablaran un idioma? Si todos hablaran un idioma, no se gritarían así en la calle. Si todos hablaran un idioma, entonces un hombre ruso podría hablar con un hombre alemán, al igual que un inglés podría hablar con un hombre chino."

¿Pero qué idioma podría ser? No podría ser alemán, porque entonces los alemanes tendrían una ventaja injusta. No podría ser ruso, polaco o yiddish, por la misma razón.

Ludwik tuvo una idea. ¿Y si todos hablaran latín? El latín ya no pertenecía a ningún país. Se imaginó viajando, hablando latín alrededor del mundo. Al día siguiente, fue y les contó a sus amigos su idea, y ellos se rieron.

"El latín es muy difícil. ¿No estás cansado de él? Lo mejor es que todos aprendamos francés."

Pero Ludwik no estaba contento con esto. Sin embargo, era cierto. El latín era demasiado difícil. Si todos iban a hablar un idioma, tenía que ser fácil. Esa noche, Ludwik se sentó en su habitación y comenzó a escribir. Escribió oraciones en francés, alemán, ruso y hebreo. Comparó la gramática y pensó en las reglas. ¿Por qué, en francés, había letras en silencio? ¿Por qué, en alemán, los verbos tenían que cambiar según la persona? ¿Por qué, en ruso, tenía que haber una forma perfecta e imperfecta de cada verbo?

Había demasiadas reglas e irregularidades. Podría ser mucho más fácil que eso, estaba seguro. Ludwik comenzó a escribir. Tomó palabras del francés, a veces mezclando algo de alemán o hebreo, e hizo su propia gramática. Las reglas serían regulares. Serían fáciles de aprender. Todos los verbos tendrían las mismas terminaciones. Y cada letra siempre se pronunciaría igual. Sí,

141

eso tenía sentido, ¿no? Ludwik escribió y escribió, cambiando palabras, fijando reglas, hasta que su padre entró en la habitación.

"Ludwik, ¿no puedes oír? Es la hora de la cena. Te hemos llamado desde hace mucho."

Ludwik se puso rojo brillante y escondió el papel en el que estaba escribiendo. "Ya voy" respondió.

Durante los años siguientes, Ludwik trabajó en su idioma en secreto. No se lo dijo a nadie, porque estaba seguro de que se reirían de él. Escribió una gramática, oraciones e incluso algunos ejercicios. Finalmente, no pudo seguir ocultándolo. Un día, lo trajo a la escuela y lo mostró a sus amigos.

"Ludwik, ¡esto es increíble!"

Sus amigos amaban su idioma. Todos los días, durante las vacaciones en la escuela, Ludwik se sentaba debajo de un árbol con sus amigos, enseñándoles a hablar su idioma. Fue difícil, porque él tampoco lo sabía bien. Además, mientras les enseñaba, se dio cuenta de cómo podía mejorarlo, por lo que cambió algunas partes.

En el decimoctavo cumpleaños de Ludwik, sus amigos se sentaron alrededor de su pastel de cumpleaños y cantaron una canción en su idioma.

Sin embargo, fue una celebración triste, ya que Ludwik se iba a la universidad y no volvería a ver a sus amigos por varios años. Ludwik iba a estudiar medicina, pero en realidad lo único que le importaba era su proyecto, al que llamó "la lengua universal". Por ahora, él tenía tantos documentos para él que casi tenía un libro. Antes de irse a Varsovia, su padre le habló.

"Ludwik, entiendo que te preocupas mucho por este pequeño proyecto tuyo. Pero debes entender. La escuela de medicina no es fácil, y es importante que consigas un buen trabajo para poder mantener a tu esposa. No quiero que te distraigas mientras estudias. Voy a tomar tu trabajo y mantenerlo aquí. No te preocupes, estará seguro. Cuando te gradúes, te lo devolveré."

Ludwik estaba desconsolado, pero estuvo de acuerdo, porque amaba a su padre. Sabía que él no aprobaba el proyecto de Ludwik, pero también sabía que podía convencerlo de ello. Ludwik se fue y estudió, y no se distrajo con su lenguaje. Sin embargo, se distrajo con una chica llamada Klara. Klara era hermosa e inteligente, y se llevaban muy bien. Klara no se rió de él por su proyecto. De hecho, ella pensó que era una gran idea.

Cuando Ludwik regresó a su casa de Varsovia, estaba emocionado volver a trabajar en su lengua universal. Había tenido muchas ideas en la universidad, aunque intentó concentrarse en estudiar, como dijo su padre.

Pero cuando le preguntó a su padre dónde estaba, el hombre respondió: "¡No seas tonto, Ludwik! Han pasado años ahora. No recuerdo dónde lo puse. No importa, de todos modos. Te vas a casar con esta chica Klara, ¿no? Estarás demasiado ocupado para preocuparte por un idioma inventado."

Ludwik le preguntó a su madre, y descubrió que su padre no había guardado sus documentos, sino que los había quemado. Ludwik se sorprendió y casi se dio por vencido. Pero Klara le dijo que no lo hiciera.

"Puedes comenzar de nuevo. Lo escribiste antes. Todo está ahí, en tu cabeza."

Entonces Ludwik se puso a trabajar. Para su sorpresa, todo estaba allí en su cabeza. Incluso después de años de estudiar medicina, no lo había olvidado. Pero ahora, habiendo estado lejos de eso, podía ver los problemas en su idioma. Así que no lo escribió de memoria, sino que lo reescribió, haciéndolo mejor en todos los sentidos. Después de unos meses de trabajo, había reescrito todos los documentos, pero esta vez estaba mucho más feliz con los resultados.

Ludwik y Klara regresaron a Varsovia y se casaron poco después. Ludwik recibió una dote de cinco mil rublos del padre de Klara. Era suficiente para asegurarse de que pudieran comenzar una vida juntos cómodamente. Pero Ludwik tenía otras ideas.

"Ahora que he terminado mi idioma," dijo "debo compartirlo con el mundo. Y no puedo simplemente salir a la calle y contarle a la gente al respecto. Debo publicar un libro."

No era algo barato, pero antes de que Ludwik pudiera decir una palabra más, Klara dijo: "Usa el dote. Podemos sobrevivir sin él."

Ludwik estaba asombrado de la fe de su nueva esposa. En verdad, ella era perfecta para él. Ella ya había comenzado a aprender la nueva versión del Lenguaje Universal, y ya se lo había contado a todos sus amigos.

Entonces Ludwik armó un libro. Tenía que ser breve, porque publicar era costoso. Redujo la gramática del lenguaje a dieciséis reglas, y se sorprendió al descubrir que, de hecho, dieciséis reglas eran todo lo que necesitaba. En su libro también incluyó algunos ejercicios y traducciones de literatura. Finalmente, en la parte de atrás puso su dirección, invitando a los lectores a enviarle cartas en el Idioma Universal.

A Ludwik le preocupaba lo que la gente pudiera pensar del libro. Había hablado sobre su idioma con muchos amigos, pero no se lo contó a todos. Ahora era un conocido oftalmólogo en

Varsovia, y si lo publicaba con su nombre real, podría dañar su reputación. Entonces, en cambio, puso su nombre como Doktoro Esperanto. Esperanto, en el lenguaje universal, significa "alguien que espera."

Se necesitó toda la dote de Klara para pagar la publicación. Al editor no le gustó la idea y le dijo a Ludwik que estaba malgastando su dinero. Pero Ludwik no lo escuchó y esperó.

Al principio, no pasó nada. Y luego, unas semanas después de que publicó el libro, recibió una carta. La carta estaba en esperanto.

¡No puedo creerlo! "Después de leer este libro, ya puedo leer y escribir en tu idioma. Al principio, pensé que era una idea tonta, pero ahora realmente creo que puede cambiar el mundo," decía la carta.

Ludwik estaba emocionado. "¡Klara, Klara!" gritó, y le mostró la carta. "Acabo de leer la primera carta en mi propio idioma."

Ella era tan feliz como él, y bailaban por la casa. Pronto, llegó otra carta, y luego otra, hasta que llegaron cartas todos los días. Todos fueron escritos en el idioma, pero no lo llamaron "el Idioma Universal." En cambio, comenzaron a llamar al idioma esperanto, debido al nombre que Ludwik se había dado a sí mismo: Doktoro Esperanto.

"Tiene sentido," dijo Ludwik "es un lenguaje de esperanza. Y este éxito es más de lo que podría esperar."

Entonces Ludwik se puso a trabajar en un segundo libro. Luego otras personas comenzaron a escribir en el idioma. Algunos escribieron revistas, algunos tradujeron literatura, algunos escribieron poesía. Los clubes comenzaron a formarse, donde la gente hablaba el idioma.

Finalmente, en 1905, se celebró el primer Congreso Mundial de esperanto en Boulogne-sur-Mer, en Francia. 668 vinieron, y todos hablaban el idioma juntos. Ludwik estaba más feliz que nunca. Al comienzo del congreso, pronunció un discurso.

"Debemos entender la importancia de este día. Aquí, en los muros de Boulogne-sur-Mer, no son ustedes franceses, ingleses, rusos o polacos, sino personas que se han unido."

El esperanto continuó creciendo. Pasó de una idea a un movimiento, y se formaron más y más clubes en todo el mundo. El sueño de Ludwik se había hecho realidad. La gente usaba el idioma para comunicarse a través de las fronteras. Continuó trabajando en el idioma, pero no se veía a sí mismo como el dueño. Más bien, él era solo un orador, al igual que todos los demás esperantistas.

Ludwik finalmente se enfermó gravemente. Murió de un ataque al corazón en la Primera Guerra Mundial. Sus hijos continuaron su proyecto, pero no todos amaron el mensaje de paz de Ludwik Zamenhof. La familia Zamenhof era judía, después de todo. Durante la Segunda Guerra Mundial, los nazis mataron a la mayoría de su familia. Por ellos, algunos llamaron al esperanto un "lenguaje secreto de los judíos."

Después de que las dos guerras sacudieron al mundo, había poco lugar para la esperanza. Pero la esperanza nunca se extingue por completo. Aunque puede que no sea el idioma universal, muchos todavía hablan esperanto hoy. No es el idioma de nadie y al mismo tiempo el idioma de todos. Y todo vino de un chico judío con un sueño.

Conclusion: What to do next?

The short stories that you read in this book are after all... short! That means you can spend more time with them. You can use that extra time to prepare and reinforce what you've just learned and apply any new vocabulary that you gained from the stories. The good news is that all the study methods you've learned by reading this book's stories can be used for any type of reading. Fortunately, Spanish is a language rich in excellent writers. Therefore, it's unlikely that you'll run out of stories to read.

In this book, you found stories with basic vocabulary and grammar. However in order to progress, make sure that you look for more complex reading materials. Therefore, there are some few extra tips for you to continue improving your Spanish and reading new stories.

Try to look for more advanced contexts. This means looking over the text without reading each word. Try to get a general idea about what the story is about. Identify the main ideas, names and framework (where the story takes place) and other crucial information. Doing this will help you to better understand the story once you read it, since you will start by having a good idea of what to expect.

Continue looking for words you don't know. Take a look at the story looking for words you don't know. Search for their meaning. When you encounter those words while reading, you will not have to stop, since you will already know the definition of those words.

Look at the shape of the story. Are there many short or long paragraphs? Is there a lot of dialogue or little? The form of the text can tell you a lot about the story before you start. For example, a story with many long paragraphs probably means that it is a descriptive story or that it goes very slowly, while a story with many short paragraphs probably has a fast pace and some action.

As you become more proficient in Spanish, as you read, you may find a word you did not know, or even an entire phrase that you do not understand well. You may want to stop and look for the word, but try not to! The more you stop while reading, the harder it will be to understand the story altogether. Mark what you don't understand and go back to it when you finish reading.

Look for important moments and information. Short stories don't waste time with unnecessary information – they don't have room for that! This makes it easier to understand the main idea, the topic (the general meaning or the message) and the argument. As you read, stay tuned for important points and moments. You can make a mark next to it so you can find them later. Doing this will help you better understand the story.

Finishing a story does not mean you have to continue with the next one. Spend time reviewing what you just read. This extra time will help you to better comprehend and remember the things you read.

Use these tips when you finish reading:

Summarize what you have read. Try to explain what you just read in a few sentences. Imagine you are telling a friend the story while you are in an elevator. What are the characters and the most important moments? What's the story about?

Reflect on the themes of the story. Many short stories are entertaining, but many also have a moral side with which they intend to instruct the reader. You can notice a place, word or something that is repeated in the story. You may know what

148

happened in the story but, do you know what actually means? Thinking about the deep or hidden meaning behind words can make it easier to understand the different things people want to say when they speak.

Read the story again. Now you know what the story is about and all the words and phrases you didn't understand the first time. Read the story one more time and you will see that you will understand much better the second time. You may even see things you didn't see the first time!

Now that you have all these tips, you are prepared to face more complex stories.

Last but not least, I want to thank you for spending time reading this book. I hope you enjoyed the stories, learn new vocabulary and/or even just had a nice time reading.

If you enjoyed this book, make sure to recommend it to anybody who may benefit from it.

Wishing you the best of luck in you journey learning Spanish.

References

Easy Spanish Stories [PDF] (2018). Retrieved from: https://books.google.rs/books?id=AnCbDwAAQBAJ&pg=PT3& lpg=PT3&dq=Spanish+Short+Stories+for+Beginners:+10+Excit ing+Short+Stories+to+Easily+Learn+Spanish+%26+Improve+ Your+Vocabulary+Touri+Language+Learning+pdf&source=bl& ots=PgEsMDhBTl&sig=ACfU3U0- p5YRYrKQmiUfnfaRj2fKubs7wQ&hl=en&sa=X&ved=2ahUKEw iPndH5_qDmAhUF86YKHRVRAd8Q6AEwBX0ECAkQAQ#v=0 nepage&q=Spanish%20Short%20Stories%20for%20Beginners %3A%2010%20Exciting%20Short%20Stories%20to%20Easily %20Learn%20Spanish%20%26%20Improve%20Your%20Voca bulary%20Touri%20Language%20Learning%20pdf&f=false

Spanish Short Stories for Beginners: 20 Captivating Short Stories to Learn Spanish & Grow Your Vocabulary the Fun Way! [PDF] (2018). Retrieved from: http://bookshares.co/?asin=B078WRXYM7

Reader, C (2017) Spanish Short Stories for Beginners: 10 Exciting Short Stories to Easily Learn Spanish & Improve Your Vocabulary Touri Language Learning [PDF]. Retrieved from: http://www.spanish-is-easy.com/support-files/4chapters.pdf

Remy, A. (2005) A First Spanish Reader [PDF] Retrieved from: http://www.gutenberg.org/files/15353/15353-h/15353-h.htm

CPSIA information can be obtained
at www.ICGtesting.com
Printed in the USA
LVHW042028291020
670161LV00001B/63

9 781801 114233